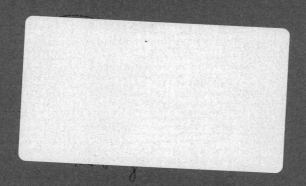

ARNO SCHMIDT

DAS
ERZÄHLERISCHE WERK
IN 8 BÄNDEN

BAND 2

EINE EDITION DER
ARNO SCHMIDT STIFTUNG
IM HAFFMANS VERLAG

ARNO SCHMIDT
LEVIATHAN
—
DIE UMSIEDLER
—
SEELANDSCHAFT MIT POCAHONTAS

UMSCHLAGFOTO VON ALICE SCHMIDT

1.–10. TAUSEND, MÄRZ 1985
11.–20. TAUSEND, APRIL 1985

ALLE RECHTE AN DIESER WERKAUSGABE VORBEHALTEN
COPYRIGHT © 1985 BY
ARNO SCHMIDT STIFTUNG BARGFELD
GESTALTUNG UND PRODUKTION:
URS JAKOB, HAFFMANS VERLAG AG, ZÜRICH
GESAMTHERSTELLUNG: ZOBRIST & HOF AG, LIESTAL
ISBN 3 251 80000 0

Inhalt

LEVIATHAN
oder Die Beste der Welten
7

DIE UMSIEDLER
29

SEELANDSCHAFT MIT
POCAHONTAS
67

LEVIATHAN
oder
Die Beste der Welten

Berlin
20 th May 45

BETTY DEAR!
I'm quite in a hurry (but thinking always of You and the kids, of course). – The town is fearfully smashed, rather like a bad dream; well: They asked for it and they got it. – The Russians look a good jolly sort and are amiable to deal with. We all expect them to join now against the damned Japs, and that'll settle that too, I'm sure. Hope to see You again quite soon. JONNY

The watches and bracelets – well, stow them away; I had to throw them into the box absolutely at random, hope they'll not be badly damaged. The German insignia and MSS I got from a Russian Lcpl for a souvenir (gave to him some cigarettes in return). – 1000 kisses. – J.

14.2.45
Der Kopf pulst wie ein schwellendes Glockenmaul – oh –. Ich muß den Mund blähen und zerren. – Oh! –.

Später
Im Stahlhelm ist kaum ein flaches Grübchen; war sicher ein Querschläger von den Schienen her. Aber ich kann wieder denken und mich regen. – Die ganze Stadt (und auch hier das Bahnhofsgelände) liegt immer noch unter Beschuß; sadistisch: hier einen hin, dort mal fünf, wieder zurück. Der Schnee ist ganz schmutzig vom Ruinenstaub. Am meisten schießt es im Osten und Norden (Richtung Kreuzberg und Kerzdorf); dort geht unaufhörlich der Infanteriekampf. Ich habe nur noch meine Pistole (n) 11,25 mm; geladen, und in der Tasche ein paar Patronen lose. – Schätzen kann man an solchen Tagen die Zeit überhaupt nicht; es ist immer gleich hellgrau, die Zäune immer schwarz. (14,16 ist es.) Ich muß machen, daß ich fortkomme; mein Marschbefehl ist nach Ratzeburg. – Toll, wenn man so die Bahnhofstraße sieht; man kennt jede Ecke; täglich bin ich da gegangen; im klirrenden Winter 28/29, im hellblau und kalten Frühling, im kastanienheißen Sommergrün, oft ist die herbstlich rauschende Queisbadeanstalt in meinen Träumen. Man müßte doch eigentlich zusehen, ob man nicht noch eine Lok auftreiben

könnte, die Gleise sind noch fast heil (so spielt man nun mit Gedanken; ich kann doch gar keine bedienen. Anstatt zu handeln).

15,00

Gleich vorn standen noch drei Güterloren; eine mit Kies, dann ein G.-Wagen, hinten ein Spezialfahrzeug (mannsdickes Stahlgerät; hab's nur im Vorbeilaufen gesehen). Im G.-Wagen waren schon Ratlose genug; vorgestern abend, 22,00 h, sagten sie, sei die Stadt evakuiert worden. Sie hätten immer noch gedacht ... Zwei Soldaten (einer davon eine blutige Binde um den Kopf); ein junges Ding zeigt frech die Augen; ein Pfarrer mit Familie.

15,10

(Hinter dem Sonderwagen): Ich habe sie gleich wiedererkannt! (Zuerst sah ich nur die dünne ältliche Frau, ihre Mutter.) Sie trug einen braunen weiten Pelzmantel, schwarz-geströmt. Bis sie sich umwandte. Sie hob sofort wieder erstaunt und kalt amüsiert die linke Augenbraue und schob das Kinn vor; dann schwenkte sie einen großen Koffer hoch in den Wagen. (Vier Einschläge kamen gleichzeitig ins Ausbesserungswerk; einer davon so nahe, daß wir im Luftdruck schwankten, ehe wir uns hinwerfen konnten. Qualmpilze spritzten im Grus haushoch; Gestein und Metall erschien brockig in der Luft. Ihr dunkles Haar im Schnee.) Drüben aus den rissigen Hallen sprangen geduckt zwei Männer, fielen zusammen, sahen sich kauernd um, krochen über die Schienen heran. Den schmutzigen Blauleinenanzügen nach Schlosser (»Millionen tragen Greiff-Kleidung«, 232/3/11, oh, gut!) Ich rief sie gleich an: »Habt ihr nicht noch 'ne Maschine? Könnt ihr fahren? –« Sie keuchten, winkten ab. Drin wären noch genug! Aber viele von Tieffliegern zerschossen. Auch fahren, ja (der eine war sogar Lok-Schlosser). Aber es hätte weder Wasser noch Kohle mehr. Sie kam herangeschlendert, die Hände in den Taschen, und wies mit Schultern und Kopf nach der anderen Seite, über der Straße: »Kohle ist drüben.« Wir verhandelten lange mit den verstörten Mechanikern, es war aber doch besser, irgend etwas anzufangen; wir Männer trugen Kohle in Säcken. –

Die lange Dämmerung. Schleppen. Dunkel raunt ein, wie ein Maler zögernd eine nächtige Farbe mischt. Schleppen. Staubiges Gelb. Schleppen. Rauchiges Rot. Schleppen. Durch ein Ruinenfenster zwinkerte feist der erste Stern; dick, dreistgelb, ein Bankier. Schleppen. Der Himmel wurde klar und versprach kommende Kälte.

Nach 18,00

Schon Nacht; aber es brennt überall in der Kupferstadt (vorhin fiel weit hinten die katholische Kirche ein). Wir sind jeder vielleicht dreißigmal hin und hergekeucht (und die MG-Garben rasselten über die Dächer); es sind noch ein paar dazugekommen, drei alte Männer und zwei Jungen in HJ-Uniform (wollten zuerst nicht mithelfen zur »Flucht«, natürlich). Wir haben, schätze ich, 200 Zentner im Tender. Der eine heizt schon; wenn wir sie unter den Wasserkran kriegen, wird's vielleicht sogar klappen. Die Frauen und Kinder haben aus einem Viehwagen altes Stroh geholt, von Pferden; stinkt, und garantiert voll Flöhe. Ich liege ganz vorn in der Ecke, und neben mir Anne Wolf; Anne Wolf. Sie kommandiert schon im Wagen und hat also auch das angeordnet. In der Stadt kracht und zittert es.

20,00
War noch einmal drüben, aus einem erhitzten Gesicht hoch oben im schwarzen Eisenblech prallte eine kleine Stimme: »Halbe Stunde noch!«; die Ventile schlugen. – Hab mir im Bahnhofsgebäude Hände und Augen gewaschen; das Wasser lief noch. Im Dunkel blinkten die Gläser, die Tische umgestürzt, zerbrochen. Wartesäle: wie oft habe ich in ihnen gesessen, gestanden, Lauban, Görlitz, Greiffenberg, und in die Menschenströme gestarrt; auf allen Stühlen saßen sie, schwatzten, aßen, gingen; ich notierte Allewelt: die sanften Lampen, die bunten Getränke, das starke Rot und Gold der Salem-Packungen; Lichtdunst der Bahnsteige; helle Zugfenster perlten in die Nacht. –
Dennoch zieht es hier wie die Pest; bloß raus.

Im Waggon
Eigentlich ist es Wahnsinn, daß wir überhaupt fahren wollen; es kann uns passieren, daß 500 Meter weiter die Schienen gesprengt sind. – Mir gegenüber liegen die beiden anderen Soldaten, das Mädchen dazwischen (so übelster Näherinnen-Typ); ein Siebziger in Postuniform (108jähriger am Amboß, u n d gibt all seinen Verdienst dem WHW! so heißt's doch immer in den Zeitungen); daneben Pastor's inmitten der sieben Kinder (sieben; na ja, wenn er nicht Gott vertrauen wollte, wer soll's dann? Zwei müssen schon an der Längsseite der Tür liegen). Auf unserer Seite sind neben mir Anne, ihre Mutter, zwei halbwüchsige Schulmädel; dann die beiden HJ-Helden mit ihrem halben Dutzend Panzerfäusten (die haben sie prahlerisch als Kopfkissen genommen, und rauchen nachlässig; fein; die Jugend ist ja unsere Zukunft, n'est ce pas?). Dann noch die beiden anderen Alten und eine Greisin (vom Lande sicher; man hört aus der Ecke immer vom »guden Boden« – mit dem widerlich langen »u« der Schlesier: »Nee, der gude, gude Boden!« Extra Silesiam non est vita).

Vorhin

Nach vielem Rangieren schob sich langsam die Lok heran; sie koppelten und fluchten. Wir haben vergeblich versucht, den letzten Wagen loszukriegen, es ist alles festgerostet; der Lokführer rief: »Macht bloß den Schwellenreißer ab! –« Sieh da, der Schwellenreißer! In Drontheim, in der Wochenschau hab ich ihn gesehen; er war da im Osten »eingesetzt«. Der Gedanke ist ganz einfach: am letzten Wagen hängt der viele Tonnen schwere »zweckvoll geformte« Stahlhaken, greift hinter die Eisenbahnschwellen, vorn fährt die Maschine an, und er reißt eine nach der anderen mitten durch. Geht ganz leicht, so schnell der Zug eben fährt. Damals saßen ein paar wehrhaft lachende Landser darauf (»Sie sind soeben gefilmt worden«), anstatt daß ihre Gesichter von Grauen gezerrt waren! Ich hab mich am Kinostuhl festhalten müssen, mit aufgerissenen Augen; an Cervantes gedacht und Mozart, und den Major Fouqué (Mann, gibt es denn das: »Major« und »Undine«, »Alethes«!). Kant hat nur die Beweise für die Existenz eines »lieben« Gottes als faule Witze entlarvt; wir können heute schon direkt welche dagegen geben: der Schwellenreißer ist ein guter (gewiß; auch die Kommandanten von Oeveraas, 21./976, die Schweine, Zeller an der Spitze; außer Dittmann und Georg). – Nun ist er aufgebockt und liegt von einer dicken Kette gehalten, oben auf der Wagenplattform. Ich stieg wieder ein; Anne raschelte in einem Papier.

21,07

Endlich: ein leises Rollen hob unter uns an: wir fuhren. Langsam.

Später

Vorn scheint doch nicht alles in Ordnung zu sein; wir waren kaum unter den drei Unterführungen hindurch, da standen wir schon wieder. Die Tür auf meiner Seite geht nicht ganz zu, und der Fahrtwind ist fast unerträglich kalt (haben versucht, sie zuzurucken; aber es geht nicht. Hinten brennt es überall). Ich konnte gerade den Buckel des Steinberges und die Hohwaldchaussee unterscheiden. Aus der Soldatenecke gegenüber kam Gekicher und zweimal ein kleiner frecher Schrei; selbst der Verwundete schäkerte schlaff und geil hinein. Der Pfarrer bat wiederholt um Kraft und rühmte die Reichweite der Güte des Herrn, was Frau und Kinder nachhallend bekräftigten; widerlich. Die alte Frau und die stoppelbärtigen Alten fluchten auf »den Hitler«; dann wieder auf den »Hitler, der verfluchte Lump!« (das »u« diesmal ganz kurz und betont). Ein furchtbarer Ruck; Funkiges fuhr seidenrot vorbei; wir rollten wieder ein paar Minuten.

Fast Mitternacht
Wir halten immer noch (etwas hinter dem Krankenhaus wohl). Hab
etwa eine Stunde gedöst, bis ich frierend erwachte. Die Kinder winsel-
ten vor Kälte und mußten austreten. Es wurde vorgeschlagen, daß alle
das gleichzeitig tun sollten, damit nachher möglichst die Tür geschlos-
sen bliebe. Bon.

Draußen
Dünne hohe Ruten beben im Wind, der über'n morschen Schnee seufzt;
eine Kiefer federt gleichmäßig hin und her; man huschte und kauerte
hinterm Gesträuch. Ich sah die Sterne; winzige lodernde Gesichter,
kalkweiß und hellblau; Ursa majoris, die kleine; dazwischen der Drache.
Die Lichtschleier am Horizont murrten unaufhörlich. Auch Anne
bummelte hochhüftig hinter ihrem Busch hervor. Der alte Postbeamte
trat höflich zu mir: »Auch ein Sternenfreund, Herr Unteroffizier?« Er
zeigte mit dem Kopf nach hinten ins Gebränd: »Wie gut, daß es noch
eine Unendlichkeit gibt – –.« Ein hageres, leidlich würdiges Gesicht.
Aber sie hörte. Ich drehte mich langsam (ho, eindrucksvoll!); ich sagte
zerstreut: »Sie irren sich; nicht einmal die Unendlichkeit gibt es. –
Glücklicher Homer –.« Er krauste erstaunt und höhnisch die nackte
Stirn im Nachtlicht: »Kant. Schopenhauer«, gab er heiter die weitere
Richtung an, »wie stellen Sie sich das vor: die Stelle, wo der Raum ein
Ende hat?« Auch der Pfarrer ließ sich von dem gestirnten Himmel über
sich ergreifen: »Gott«, gab er an, »ist unendlich –.« Ich disputiere nie
mit Frommen, ich sprach auch jetzt in Richtung unseres Sonderzuges:
»Auch Sie irren sich; es gab einen Dämon von wesentlich grausamem,
teuflischem Charakter, aber auch er existiert jetzt nicht mehr.« Er sprach
ergriffen: »Sie lästern! –« Wind. HJ. riß ein Streichholz an. Eine magere
Sternschnuppe zog eine Silberbraue über Beteigeuze (an dem zornigen
Namen besoff sich mein Vater einmal, so um 22, »Beteigeuze, die
Riesensonne«, Artikel im Fremdenblatt). Anne trat an mich heran:
»Helfen Sie mir doch mal hoch«, sagte sie; es geschah. Ihr glücklichen
Augen. Wir stiegen alle ein. Der Alte fragte verächtlich aus dem Dunkel:
»Also – wie denken Sie sich das: mit dem –« betont: »nichtunendlichen
Raum?« Anne drehte das Gesicht zu mir (man sah nur einen fahlen
Fleck) und ich sprach:
»Unbegrenzt; aber nicht unendlich. Eine Kugeloberfläche: ist auch
unbegrenzt, aber nicht unendlich. Wir können uns zwar nur Drei-
Dimensionales vorstellen (eine Folge unserer Gehirnstruktur), aber
folgen Sie mir einmal zur Erläuterung ins Zwei-Dimensionale. Eine
‹unendliche› Tischplatte, zwei gleichgroße Pappdreiecke darauf: die

denkenden Dreiecke. Diese Wesen können sich in ihrem Raum nur umeinander verschieben; wollten sie z. B. ihre Kongruenz nachweisen, müßten sie Winkel und Seiten messen und trigonometrische Folgerungen ziehen; wir heben zum Nachweis nur eins der Dreiecke in unseren, um eine Dimension höheren Raum hinaus, und decken es auf das brüderlich andere. – Diese Gebilde stellten unter anderem folgende fundamentale Sätze auf: Eine Gerade ist die kürzeste Verbindung zweier Punkte, durch einen Punkt zu einer Geraden gibt es eine Parallele; aus dem Parallelensatz ergibt sich die Winkelsumme im Dreieck zu 180 Grad. « – Hier schrie die Nutte hoch unkeusch und sagte: »Jetzt nicht!« – Ich sprach: »Ein weises Dreieck untersuchte eine in sich zurückgekrümmte, ebenfalls zweidimensionale Kugeloberfläche, und fand, daß dann die Geraden (d. h. die Linien kürzester Entfernung) Großkreise würden, es also keine Parallelen mehr gäbe, und die Winkelsumme größer als 180 Grad sei. Ein anderes fand, daß auf einer Pseudosphäre es bei Anwendung der gleichen Grundsätze unendlich viele Parallelen gebe (faßlich am Beltramischen Grenzkreis), und die Winkelsumme kleiner sei als 180 Grad. – Welcher dieser 3 möglichen zweidimensionalen Räume war nun der ‹wahre›; welche Geometrie galt? (Und übertragen Sie diese Gedankengänge auf alle n-dimensionalen Räume). «
Hacken tupften rhythmisch den Boden: »Wer Klavier spielt, hat Glück bei den Frau'n ...«; Jugend fand sich im Gedicht; »... denn der Klang des gespielten Klavieres ...« (Weiß Gott! »gespielten Klavieres«; wir sind gerichtet!). Der Alte fragte, schon unsicher: »Alles verstehe ich noch nicht – und welcher ist es denn –?« Ich sprach: »Eine Dreiecksmessung entschiede alles (theoretisch); aber bei der Kleinheit des uns zugänglichen Raumes ist diese Methode nicht brauchbar. Aber z. B. die Anwendung des Dopplerschen Prinzips (der Messung von Radialgeschwindigkeiten durch Linienverschiebungen im Spektrum) ergab, daß die Geschwindigkeiten himmlischer Gebilde mit der Entfernung von uns wachsen, bis an die Grenze der Lichtgeschwindigkeit; eine zunächst völlig grundlos erscheinende Abhängigkeit. Denken Sie sich aber – wieder im 2-Dimensionalen – an eine Kugel eine Tangentialebene gelegt, und die sich auf der Kugeloberfläche annähernd gleichmäßig bewegenden Lichtpunkte auf diese Ebene projiziert, so haben Sie Ähnliches. Es gibt noch andere gewichtige Gründe. Das Ergebnis ist: unser Gehirn entwirft vereinfachend (biologisch ausreichend!) einen 3-dimensionalen, euklidischen, verschwommen-unendlichen Raum, eben ein Stückchen ‹Tangentialebene›; in Wahrheit aber ist dieser in sich zurück und in einen 4-dimensionalen hineingekrümmt (denken

Sie an die Kugeloberfläche im 2-dimensionalen Beispiel); also mit endlichem, in Zahlen ausdrückbarem Durchmesser. Unbegrenzt aber nicht unendlich. –«

Wind fauchte wie ein böses Tier am Klaff und suchte im Stroh. Ihre Mutter fragte halblaut: »Wann hat Alfred denn zuletzt geschrieben?« Sie antwortete gleichmütig: »Am liebsten ließ ich mich scheiden –«. Es war ein Ruck, sie hatte also geheiratet (natürlich; ich hatte damals ja auch überhaupt nicht mit ihr zu sprechen gewagt; sie immer nur gesehen; damals). Der Alte antwortete zitternd: »Also hat Schopenhauer in dieser Hinsicht doch unrecht gehabt – – und ich hatte gedacht...«; er murmelte und sann. Anne fragte kauend (noch immer tricky, oh Du!) »Können Sie eine Zahl nennen? – Für den Durchmesser?« – Ich sprach: »Er schwankt. Dieser Raum pulsiert.« Der Wagen ruckte an, daß die Tür aufschurrte; wir fingen sie wieder und legten uns. Eins der Gotteskinder begann zu singen mit seltsam hoher und fiebriger Glasstimme; wer weiß, wie lange sie schon auf den Treckstraßen gelaufen waren. Und der Verbrecher in Berlin hetzte das ganze Volk in Tod und Grauen, um immer »größer« und »einmaliger« zu werden, ein Zwitter von Nero und Savonarola; nur schade, daß er sich der Gerechtigkeit des getäuschten Volkes entziehen würde, feiger als jeder seiner Soldaten. Schon zu viel von ihm. – Mantelkragen hoch, und die Ohrenklappen runter; es ist hundekalt.

Noch dunkel

Wenig geschlafen; aber alles mögliche gedacht. Cooper fiel mir ein (also auch der »Hochwald«). »– es liegt etwas Fremdes und Abwehrendes in Schmuck und Feierkleid der Frauen –«; ich drehte mich auf die rechte Seite, ich sagte nachtwindleise in ein Ohr: viele Erinnerungen. Sonne, Wind. Die gelben Abende, auf der Flußscheibe entstand Schwatzen und Gelächter. Syringen im Regen. Knaben knieten schreiend am grünlichen Teich. Die Nacht begann im Weidengewölb hinter den Zweigen. Sie atmete gleichmäßig und kummerlos; im Schlaf. Warum auch nicht. War nicht alles wie eine Erzählung geworden? Und hatten auf den Fliederblättern nicht auch damals tödlich fette Raupen gelümmelt; und die blökenden Buben hatten das stille Wasser gepeitscht, bis es zischte? War nicht meine Seele auch damals gequält gewesen, und das Dasein etwas, das besser nicht wäre? Wenn ich nur hätte schlafen können. Sehr schuldig war auch Nietzsche, der Machtverhimmler; er hat eigentlich die Nazi-Tricks gelehrt (»Du sollst den Krieg mehr lieben als den Frieden...«), der maulfertige Schuft; er ist der Vater jener Breker'schen Berufssoldaten, die, wenn man ihnen Felsblock und Keule nimmt,

15

verhungern müssen, weil sie »halt weiter nichts gelernt haben«. Der und Plato waren große Schädlinge (und Ignoranten nebenbei: siehe Naturwissenschaften). Oh, des Morgen- und Nachmittagsgoldes im Aristipp. Und der Bart fing an zu stacheln; Wärme schien es zu bringen, wenn man ruckartig alle Muskeln im Körper gewaltsam spannte, so lange man konnte; die Durchblutung begann dann, aber es war verdammt anstrengend. Gähnen. Die Dreiviertelnacht war voller Gestank; ein Schnaps wäre das Richtige gewesen, elender Fusel meinetwegen, aber hochgiftig. Oder wurde es schon morgengrau?

8,00
Es gab einen Pfiff vorne (damit man ja auf uns aufmerksam würde; was doch die Gewohnheit macht!); dann puffte die Maschine langsam, immer schneller, Dampf aus, und wir rumpelten wieder mal. Sogar ziemlich lange. Natürlich erwachte alles und sah mit schlaffen grauen Gesichtern umher (Ja, ja; keine Angst; es ist immer noch dasselbe Elend). Das kranke Kind blühte gefährlich wie eine Rose. Da: langsamer. Schluß. Na also.

9,30
Donnerwetter, das war knapp. –
Wir hielten irgendwo um Nikolausdorf zwischen hohen Böschungen, kieferngesäumten. Die meisten stiegen aus; ich stapfte vor zur Lok; sie kriegten den notwendigen Dampfdruck nicht mit der schlaffen nassen Kohle; es könnte Stunden dauern, bis es wieder soweit wäre. Sie arbeiteten aber unermüdlich. –
Ich klomm die Südböschung hinauf und in den niedrigen grauen Tag (noch immer dünn und gleichmäßig bewölkt, aber schon wesentlich kälter). Im Norden, gar nicht so weit von uns, spritzte erdiger Schnee von den Einschlägen leichter Artillerie. Ich schrie den Heizer an: er sollte das ewige Dampfablassen mal stoppen, aber er zuckte nur die Achseln. Plötzlich kamen die Dreckfontänen sprunghaft näher; setzten über uns, wichen zurück; es pfiff in den Lüften wie tausend Schufte. Ich gröhlte entsetzt alle zusammen (wie langsam sie kamen), und der Russe schoß sich auf den Zug ein. Ich rief ihnen zu, seitlich auszuweichen, nicht etwa unter der Flugbahn hin- und herzulaufen. Anne kam sofort zu mir gerannt (geschmeidig und sportlich wie früher) und warf den Kopf neben mir auf die Kiesel. Auch die Soldaten krochen an, ihre Mutter, der Alte. Schwarze Punkte glitten aus einem fernen Waldstück – Panzer! – und auf einmal war ein vögelchenfeines heiteres Piepen über uns; ich schob ihren Kopf hinunter und kreischte zum langsam herbalancierenden Pfaffen: »Hinlegen!!« 100 Meter rechts von uns, wo der verfluchte

Spirituskocher dampfte, stachen zwei mannslange schwarzrote Flammen aus den Kiefernkronen; und wieder »Huiii – Ua!« Und wieder. Eisen tönte unten im Hohlweg; schwere Lasten. Ich fragte keuchend: »Wissen Sie noch – Görlitz. Die kühle Bahnhofshalle. An Sommermorgen. –« Sie nickte gleichmütig, und ich schob mich flach an einen Busch, und hob die bebrillten Augen über den Rand. It cracked and growled and roared and howled. Aber nicht nur wir hier, sondern auch die Tanks schienen unter heftigem Beschuß zu liegen (Anne war schon neben mir und ihr Marlene-Dietrich-Profil verstörte mich wieder in selige Knechtschaft). Noch einmal klatschte einer eine hysterische MG-Salve in die Baumstämme, dann drehten sie ab und raupten wieder ins Wäldchen. Wir rannten sofort geduckt hinter der Böschung zurück: da war der Boden rot; rot, ach. Einer der alten Bauern saß stumpf und hielt den tropfenden schlenkernden Arm. Und eins der Kinder war fast völlig zerrissen von zwei Riesensplittern, Hals und Schultern, alles. Die Mutter hielt noch immer den Kopf und sah wie verwundert in die fette karminene Lache. Das kranke Ding aß alten Schnee vor Hunger und Durst; ich klopfte ihm ein bißchen die Hände; es hat ja doch keinen Sinn, ich hatte auch nichts zu essen. Dem alten Briefmarkenstempler wurde fast schlecht: »Ist denn das möglich –« flüsterte er und würgte am Speichel. Der Pfarrer tröstete die weinende Frau; er meinte: »Der Herr hat's gegeben; der Herr hat's genommen –« und, hol's der Teufel, der Feigling und Byzantiner setzte hinzu: »Der Name des Herrn sei gelobt!« (Und sah dabei stolz auf uns arme verlorene Heiden, die schamlose Lakaienseele! – Das schuldlose Kind – Seine 2000 Jahre alten Kalauer von der Erbsünde kann er doch nur einem erzählen, der keine Krempe mehr am Hut hat: Haben diese Leute denn nie daran gedacht, daß Gott der Schuldige sein könnte? Haben sie denn nie von Kant und Schopenhauer gehört, und Gauß und Riemann, Darwin, Goethe, Wieland? Oder fassen sie's einfach nicht, und mampfen kuhselig ihren Kohl weiter durch die Jahrhunderte? Das ist der Geist, der Flußregulierungen als Mißtrauensvota gegen Gott und Eingriffe in SEINE Schöpfung ablehnt. Einen Gottesgelehrten hab ich mal scharf vom Blinddarm urteilen hören: »Wenn er nicht zu was gut wäre, wär' er doch wohl gar nicht da!« – Whatever is, is right: Das gilt ja dann auch für spinale Kinderlähmung, Nonnenfraß, Sphaerularia Bombi Dufour und Herms Niels; blinde Gefolgschaft scheint immer schwarze Uniform zu tragen. – Pack).

11,00
Er wühlte das Grab mit den Händen, die er dabei kokett und andächtig betrachtete. Ich sah, wie er die Erinnerung kostbar beiseitelegte: wie

würde einst seine Stimme aus herbsten Erschütterungen hertrauern können, wenn er berichtete –: – »mit meinen eigenen Händen ...« Der Affe. –

Mittag

Ich hatte mir meinen Brotbeutel umgehängt (falls wir den Wagen verlassen müssen) und mich an eine schwärzlich nasse Kiefer gelehnt. Auch die anderen standen zum Teil herum. Anne hatte eine Zigarette im Mundwinkel; plötzlich fragte sie: »Wieso pulsiert Ihr Raum denn –?« und der Alte drängte sich heran. Ich war müde; ich runzelte unhöflich die Stirn, aber ich sagte angestrengt:

»Im endlichen Raum ist sparsam Materie verteilt; ihre Gleichartigkeit ist bewiesen durch Spektralanalyse und Meteoreinfang. Ebenso ist aller zerteilten Materie Gravitation eigen; d.h. Wille zur Vereinigung aller Atome. Beides deutet gemeinsamen Ursprung an. – Denken Sie im 2-Dimensionalen an einen aufgeblasenen Kinderballon: ähnlich wurde eine Quantität Materie und mit ihr unser endlicher Raum mit begrenzter Energie ausgebläht. (»Apropos, Blähungen –« sagte der eine Soldat, und ich nickte ingrimmig; wie wahr, mein Sohn, wie wahr! Anne lachte ehern). In den Fliehbewegungen der extragalaktischen Nebel mag sich noch diese ehemalige Ausdehnung unseres ‹Alls› andeuten; vielleicht ist die Lichtgeschwindigkeit irgendwie mit der dehnenden Kraft zu verbinden. (Strahlungsgesetze, Ausbreitungsgesetze: Licht, Schall – und Kontraktionsgesetze: Schwere – werden beide durch das Quadrat der Entfernung geregelt). Aber die Gummihaut will sich zusammenziehen: die Gravitation ist diese ‹Oberflächenspannung› des Weltalls, der Befehl zur Einholung des materiellen Universums, der Beweis für die unvermeidliche Kontraktion. Die homogene, gravitationslose ‹Endkugel›, in der keine physikalischen oder chemischen Umsetzungen mehr erfolgen, die also ohne Kausalität und eigenschaftslos ist, wird dann für Wesen mit unserer jetzigen Hirnleistung sofort verschwinden, mit ihr der geschrumpfte 3-dimensionale Raum, auch unsere Zeit. –«

Der Pfarrer hatte mitleidig und zerstreut zugehört, aber jetzt fragte er doch erstaunt und kindlich: »Wieso? – Verschwinden – –«, und schüttelte völlig überrascht den gepolsterten Hohlkopf. Der Alte war eifrig wie ein Jagdhund geworden; das verstand er: denn seinen Schopenhauer schien er leidlich parat zu haben; er nickte gespannt und murmelte Passendes aus dem Satz vom Grunde. Der Himmel wurde schon an vielen Stellen blau; es würde Kälte kommen. Und das kranke Mädelchen kannte schon niemanden mehr, und schlug mit den Händen nach dem Fiebergott (mit dem Fuchsgesicht; dem Bündel roter Pfeile vor der Brust; siehe Weilaghiri). Ich fürchte, er wird bald wieder den da oben rühmen können.

Richtig gewaschen hab ich mich schon seit 8 Tagen nicht mehr; wir sehen alle bräunlich und schlank aus (wie Kügelgens Großvater).

Hört, hört

Ein Soldat unterhielt sich mit den HJ-Halbwüchsigen (und die BDM-Mädchen nickten überzeugt): »Wir haben noch was; wir siegen. Der Führer verfolgt eine ganz bestimmte Taktik; erst lockt er alle rein, und dann kommen die Geheimwaffen.« »Goebbels hat ja wörtlich gesagt«, erwiderte der eine Junge, »‹als ich die Wirkung der neuen Waffen sah, stand mir das Herz still› Und in drei Jahren ist alles wieder – schöner – aufgebaut. Die Pläne liegen alle fix und fertig beim Führer im Schreibtisch.« Und so weiter. Und ihre Augen leuchteten wie die Scheiben brennender Irrenhäuser. Ich würde begrüßen, wenn die Menschheit zu Ende käme; ich habe die begründete Hoffnung, daß sie sich in – na – in 500 bis 800 Jahren restlos vernichtet haben werden; und es wird gut sein. Die Sonne erschien auf einen Augenblick zwischen schüchternen Wolken. Ich hockte mich auf einen Baumstumpf; unten lehnte Anne am roten Wagen, ganz im Licht. Der Kopf sank mir auf die Brust, ich schlief ein. Weit war der wimmelnde Bahnhof, Treppen und Hallen; da schrie ich schon: »Sie kommen! Deckung!«

Zehntausend Traumgesichter erbleichten, an allen Wänden bargen sie sich, ich warf mich neben die Steinstufen. Oben in der klaren Luft loopten die drei Maschinen; ganz deutlich die Einzöller-Rohre aus den Tragflächen. Anne war weit von mir getrennt worden, ein Gestaltenstrom schwemmte dazwischen; ich hob nach ihr rufend den Kopf, da zuckte es schon auf den Steinen und gellte. Armlange grüne Flämmchen stachen schlank aus dem Boden, rissen tischgroße Erdfladen heraus, Splitter jaulten, man blutete. Sie flogen Karussell und feuerten, Ruck und Widerruck; durch Lokomotiven; faustgroß durchlöcherten sich Hauswände; eine Baumkrone kam brechend herab (Madonna mit der Gasmaske, Aufgabe für alte Meister) – da: Abflug! Ich rannte zurück, zu unserem Wagen (der sich plötzlich in einen Personenwagen verwandelt hatte), ich rief verzweifelt: »Anne! Anne!«, aber da trat sie schon ans Fenster. Ich kam langsam auf das Trittbrett, müde, im alten dreckigen Soldatenmantel, müde; ich faßte das herabgelassene Fenster mit beiden Händen und sah hinauf in ihr Gesicht, sah und sah. Leuchtende Stille und Seligkeit. Ihr Mund wollte sich spöttisch und ziervoll krausen, Erstaunen und zärtliche Heiterkeit, Fremdheit und Neigung. Sie zog eine Hand aus der Tasche und schob sie mir über die Stirn ins Haar. Ihr Gesicht war hell von meinen Augen; sie sann und rätselte. Sie sagte: »So viel Schmutz und Elend die ganzen Jahre –.« Streichelndes Schweigen. Schwermütig und listig bog sich noch einmal das Lippenrot, Gelächel und Worte, gefährlich und versprechend: »Und ein Schutzengel wäre doch recht nötig, wie? –« Ich zuckte; ich erwachte; Goldsonne und Blauschatten fleckten um mich. Anne stand vor mir, betrachtete mich interessiert und fragte: »Was ist denn los? Sie haben ja gar so innig und intim nach mir gerufen.« Sie machte eine winzige artistische Pause und meinte ironisch und wissend: »Geträumt, eh?!« Ich spannte die Brauen: ich erzählte; Wort nach Wort. Sie lauschte mit spöttisch geneigtem Ohr. »Und – c'est tout?« – fragte sie, und tat enttäuscht: »– recht wenig pikant eigentlich. Soldaten sollen doch im allgemeinen aggressiver sein –«. Herausfordernd. Ich nickte höflich und sagte: »Ich weiß, ich habe mich wenig geändert. Sie allerdings auch nicht.« Sie drehte mir auflachend, dann pfeifend den Rücken (»Fräulein, heut dürfen Sie nicht allein sein ...«) hielt an, kam zurück und erkundigte sich: »Passiert Ihnen das übrigens öfter: von mir zu träumen –?«·Ich zögerte gar nicht, ich sagte verbindlich: »Ja.« Sie warf anerkennend den Kopf und meinte über die Schulter: »Etwas anders sind Sie doch geworden. Früher haben Sie bloß Augen wie Spiegeleier gemacht – na schön«. Sie bummelte wieder zu ihrer Mutter hinab. Das kranke Kind starb gerade; Och orro orro ollalu.

14,13
Trübe strömte am Himmel, zuerst nebelfein, hoch über dem hohlen bläulichen Schnee; Wind sprang fetzig im Westen auf; die Welt versank in grauer Heiserkeit: es begann zu schneien. Schwer und scheußlich.

Unten im Wagen
Alles hockt grämlich beisammen; friert, hustet, hungert. Auch Durst. Bald sollen wir wieder fahren können.

16,10
Der Schnee, der Schnee; stundenlang. Anne hatte die Hände in die Taschen gestoßen und saß unbeweglich. Der Alte räusperte sich. Noch einmal. (Er sah schon schmutzig aus und weiß und dürr.) Er sah mich beherrscht an und fragte: »Sie sagten vorhin, dies Universum sei in Kontraktion begriffen und wäre zuvor ‹ausgeblasen› worden. Können Sie eine Vermutung für dieses Pulsieren angeben?« Er machte das Gesicht klein und faltig und lauschte angestrengt. Die HJ verglich die Panzerfäuste (zum Entsetzen der ländlichen Greisin): »... also Loch kommt auf Loch; zuschrauben ...«, sie spielten so eifrig damit, echte

Kinder des Leviathan (Du bist mein lieber Sohn ...); böses Eisen und tödliches Feuer; ei, die Wohlgeratenen. Ich dachte an die irrsinnigen Hetzplakate des Gauleiters Hanke in Breslau; wie er mit der schnalzenden Eloquenz des Wahnsinns die Staatsjugend aufrief: Schnee in die Flüsse und Bäche zu schaufeln, daß sie aufschwellen und die Feinde festhalten (wörtlich! So habe ich es selbst am 8.2.45 im Schaufenster des Kaufmanns Schneider, Am Graben, in Greiffenberg, gelesen!) Schuppig wogendes Geström, wurmhaft empört; schön. Wie er von den abgelebten Alten forderte, sich nachts mit Bränden in die vom Feind besetzten Ortschaften zu schleichen, Flammen schleudernd, mit der hohnvollen Logik; sterben müßt ihr doch bald, also gebt den Rest eurer Tage dem Führer! – Ich bin fest überzeugt, daß sie aus johlendem Irrwitz und kreischender Vernichtungsgier (und die Lust des Herostratos nicht vergessen!) Deutschland bis zur letzten Hundehütte in Lohe und Trümmern aufgehen lassen. Wie gesagt: Wiedertäuferallüren. Ein andres Kostüm, ein größerer Schauplatz. Und der Alte soll seine Antwort haben. Ich röhrte meine Stimme frei; ich sagte barsch: »Sie wissen aus Ihrem Schopenhauer, daß die Welt Wille und Vorstellung ist; er hält bei dieser Erkenntnis inne, tut den letzten Schritt nicht; aber am Ende wird dies beides in einem Wesen furchtbarer Macht und Intelligenz vereinigt sein.« Der Pfarrer hob lächelnd und heilig-erfreut den Kopf: »Gott«, sagte er nickend und beruhigt, »Sie kommen nicht um seine Tatsache herum –.« Ich wandte nicht einmal die Augen; ich sprach: »Der Dämon. Er ist bald er selbst; bald west er in universaler Zerteilung. Zur Zeit existiert er nicht mehr als Individuum, sondern als Universum. Hat aber in allem den Befehl zur Rückkehr hinterlassen; Gravitation ist der Beweis hierfür im Körperlichen. (Die 80 Kugelsternhaufen weit über der galaktischen Ebene, sind sie nicht Vor- und Beispiel? Vielleicht mögen sie allmählich in die größeren Sternwolken aufgenommen werden, aber als Ganzes; denn ihre Kontraktion dürfte weit schneller erfolgen); im Geistigen deuten auf solchen Zwang: die Tatsachen des Gattungsbewußtseins (allen gemeinsame Flugträume usw.; die beweisbar gleiche Raum- und Zeitvorstellung aller Lebewesen: gemeinsamer Ursprung) die Unfreiheit des Willens im Handeln (weiser Schopenhauer! Mit allen Konsequenzen: Möglichkeit der Zukunftseinsicht, etwa durch Träume – J.W. Dunne. – Magie), im Tode Auflösung des Einzelwesens. (Wir wünschen unsere Perpetuierung als Individuen, und diese Wahlparole haben die Religionen – Christen, Mohammedaner – deshalb haben sie Anhänger; eine Lehre – wieder Schopenhauer – die das Vergehen des Individuums im ‹Allwillen› wahrscheinlich macht, kann nie populär oder geliebt werden, auch nicht von dem, der sie für wahr erkennt; sie hat immer vom Medusischen). Die Akkumulierung der Intelligenz zu immer größeren Portionen – siehe Palaeontologie – spricht für diese Rekonstituierung des Dämons auch in geistiger Hinsicht (Möglichkeit ‹übermenschlicher› Existenzen: Zauberer, Elementargeister – oh, Hoffmann – wieder die 80 Kugelsternhaufen).

Um das Wesen des besagten Dämons zu beurteilen, müssen wir uns außer uns und in uns umsehen. Wir selbst sind ja ein Teil von ihm: was muß also Er erst für ein Satan sein?! Und die Welt gar schön und wohleingerichtet finden, kann wohl nur der Herr von Leibniz (‹von› und siehe hierzu Klopstocks Anmerkungen in der Gelehrtenrepublik), der nicht genug bewundern mag, daß die Erdachse so weise schief steht, oder Matthias Claudius, der den ganzen Tag vor christlicher Freude sich wälzen und schreien wollte, und andere geistige Schwyzer. Diese Welt ist etwas, das besser nicht wäre; wer anders sagt, der lügt! Denken Sie an die Weltmechanismen: Fressen und Geilheit. Wuchern und Ersticken. Zuweilen ein reines Formgefühl: Kristalle, die Radiolarientafeln Haekkels ('Boelsche meinte nachdenklich, es müsse da noch ein bisher unerkanntes Formprinzip in der Natur liegen, hoho); an sich liegt hier nur das technische Problem des Schwebens im Salzwasser vor, für welches sich die beste Näherung wohl rasch durch Selektion gefunden hätte. Andererseits: Molche, Schlangen, Spinnen, Fledermäuse, Tiefseefische, Lachs- und Aalwanderungen. Auch Cesare Borgia hatte viel Kunstverständnis. Gewiß ist unsere Einsicht räumlich und zeitlich begrenzt. Dennoch bleibt der Leviathan, der seine Bosheit bald konzentriert, bald in größter Mannigfaltigkeit und Verteilung genießen will. –

Nichts berechtigt uns nebenbei, anzunehmen, daß unser Leviathan einzig in seiner Art sei. Es mag viele Wesen seiner Größenordnung und unter ihnen auch gute, weiße, englische, geben. Wir sind allerdings leider an einen Teufel geraten. Si monumentum quaeris, circumspice (steht auf Sir Christopher's Grab).«

Dämmerung, Dämmerung

Der Schnee stürzt lautlos vorbei; am Türspalt; Milliarden kristaller Wesen, luftgeboren, wassergestorben. (Was für Flocken mag Eisen bilden, wenn es aus der Sonnenatmosphäre auf den rasenden Glutleib niederklatscht: drachig, stachelstarr. – Oder Gold –). – Vorn von der Lok kam rauh (aber klein) der Heizerruf: »Aufpassen! Geht los!« Dampf schoß stoßweise auf; es ruckte und klapperte. Ein winziges Stückchen. Eine Hemmung. Und dann brach hinter uns ein höllisches Splittern und Bersten auf. Wieder ein Meterchen. Wieder riß es und bellte wie platzendes Holz. Ich sprang auf, zur Tür, und schwang mich durch den Spalt, fing Anne hinter mir (ein kühnes Pelzmädchen), da kam auch schon der Lokführer, und wir sahen, fluchend, daß die Ketten gerissen (zerschossen?) waren, und der Schwellenreißer – well: tadellos arbeitete. – Wir krümmten uns zwischen die Puffer, riefen die anderen und versuchten noch einmal, mit schwingenden Armen, beugend, hebelnd, den Wagen abzukuppeln. Noch einmal. Aber es blieb umsonst; Rost war in Rost gefressen; wir zerrissen uns die unbewehrten Hände. Und Eile tat not; wir mußten die paar Minuten der Dampfspannung ausnützen. So klommen wir stumm und naß in die rollende Bude, und (pfiff der verrückte Hund nicht wieder!) ab ging's. Fahrt ins Graue mit obligatem Schwellenreißer. Heil Hitler. Der Postmeister wurde auf einmal fassungslos wild; er ballte eine Faust gegen die hoffnungsvollen Jünglinge und schrie (lauter als der Satanstakt hinter uns): »Schämt Ihr Euch nicht, diese verfluchte Uniform zu tragen?! Hört Ihr das denn nicht?! Oh, die Lumpen, die Lumpen!!« Auf stand Deutschlands Zukunft; sie fragten erstaunt und giftig: »Wieso denn? Das ist doch prima! Da kann der Russe wenigstens nicht nachstoßen!« – Der eine, ältere, sagte ruhig und drohend: »Sehen Sie sich nur vor. Es sind noch viel zu wenig im KZ«. Und der andere (kindlich und eifrig – war es nicht nur eine Art modernen Spiels? Man brauchte doch nur ein heiteres Knöpfchen zu drücken –): »Schieß doch den verdammten Verräter über den Haufen!« Draußen wuchs das häßliche Lärmen an einsamen Häusern in unmäßige Tollheit. Eine Pappelreihe kreuzte unseren Weg. Sterne. Der Schnee war aus der Luft verschwunden. Rollen, Splittern. Rolle, Rolle – ho: langsamer. Es zerwürgte gemach noch eine Schwelle. Zögernd, genießend: noch eine. – Noch – eine – – noch. Wir standen. Ich riß die Pistole heraus; ich war ganz wütend und kalt; ich herrschte in die plötzlich summende Stille: »Wer noch einmal von Erschießen spricht, hat eine Kugel im Bauch! Haben wir noch nicht genug Elend im Wagen –?« Gleichzeitig fühlte ich Hunger und Durst (bisher konnte ich's noch leidlich wegdenken); ich knuffte die Tür auf und hüpfte hinab: Donnerwetter: knietief! Es hatte viel geschneit. Und Moys; dicht hinter dem kleinen Stationsgebäude. Drüben zweigte die Strecke nach Kohlfurt, Penzig ab. Ich aß schaudernd zwei Hände Schnee. Und kalt war es geworden. Oben aus dem dunklen Viereck fragte eine ruhige, etwas brüchige Stimme: »Nun? Was ist? –« Du Doppelstern. Ich erwiderte: »Vor uns liegt schweres Feuer –.« »Uns –«, wiederholte sie raffiniert träge und sprang mir in die Arme, ohne die Hände aus den Taschen zu nehmen. Ich lachte laut auf; warf den Kopf zurück: »Ja. Uns!« sagte ich ingrimmig und belustigt – da rief der Heizer. –

19,30

Aus einer fernen Hügelkette stiegen lautlos die roten Perlenschnüre der Vierlingsflak. Die Kälte wurde immer strenger; trotzdem hat es noch einmal heftig geschneit, aber ganz fein und hart.

Nacht im Wagen

Die Bauern sind verzweifelnd davon gestampft. Der harte Schnee hat den Magen fast betäubt; es war ja auch Irrsinn. Der Alte scheint schwer zu leiden; er hat wohl in seinem ganzen Leben solche Strapazen nicht durchgemacht; einer der Soldaten hat ihm einen Mund voll Schnaps gegeben – dann haben sie und das Weib den Rest der Flasche ausgesoffen; sitzen und zoten. Die lernbegierige Jugend feixt beifällig durch die Nase zu den rüden Eindeutigkeiten. Vorhin, als der Pfarrer mit der unbeirrbaren Selbstgefälligkeit der Frommen wieder laut und beispielhaft vorbeten wollte, wurde er endlich angefahren: der Soldat mit der Stirnbinde gröhlte drohend hinüber: »Hör' bloß auf mit dem Mist –«, und auch der Alte hob den Kopf von der Brust; er sagte scharf: »Sie können ja für sich beten, so viel Sie wollen, aber verschonen Sie uns damit – aufdringlich –«, murmelte er angewidert. Als der Schamlose dennoch – wenn auch etwas leiser – weiter Bitten und Versprechungen an seine fanatischen Gottheiten richtete, (siehe Libanius, Schutzrede für die Tempel. – Zur endgültigen Klarstellung: das wahrhaft schöne, obwohl nicht originelle »Liebet Euch untereinander!« als lebendig wirksame Praxis, hat stets selbstverständliche Billigung und Förderung aller Redlichen erfahren und wird es immer. Nie aber die wertlosen erkenntnistheoretischen Ambitionen der Christenfibel; nie der völlig willkürlich aufgebaute Machtapparat der Kirche und dessen beispiellos fürchterlicher jahrhundertelanger geistiger Terror. Denn erfunden ist ja nicht von Stalin oder Hitler oder im Burenkriege das Konzentrationslager, sondern im Schoße der heiligen Inquisition; und die erste abendländisch exakte Schilderung eines wohleingerichteten K.Z. verdanken wir ja der allerchristlichst pervertierten Phantasie Dantes – bitte, es fehlt nichts: die Jauchegruben, die Eiswasserfolter, der ewige Laufschritt der klatschend Geprügelten; für Zweifler sind Feuersärge bereit und unnötig Wißbegierige – Odysseus – werden majestätisch zerblitzt: – denn »das sind eben doch am Ende die eigentlich kräftigen Argumente der Herren Theologen; und seitdem ihnen diese benommen sind, gehen die Sachen arg rückwärts«! Verlange doch der jetzt nicht Toleranz, der sie 1500 Jahre, als er »an der Macht« war, nicht geübt hat! Écrasez l'infâme!) verwickelte er mich in ein Gespräch über die historischen Quellen, aus denen ich etwa einiges meiner Ansichten geschöpft habe. Ich raffte mühsam zusammen, was dergleichen noch in den Ruinen meines Wissens herumlag (Bilder Piranesis fielen mir ein: römische Ruinen in hellen und windigen Abendlichtern. Schlankgliedrige Bäumchen. Spitzhütiger Bauer treibt starkgebärdig ein Eselchen mit glatten Weinschläuchen. Kühle und Heiterkeit, Abendgold, aurum potabile. Die Natur – d.h. der Leviathan – weist uns nichts Vollkommenes; sie bedarf immer der Korrektur durch gute Geister. – Vergl. Poe's Definition vom Wesen der Poesie. Leider sind sie in der verschwindenden Minderzahl.) Ich nannte aus erstarrender Müdigkeit – oh, die Kälte, die Kälte – das Wort Emanation; dazu: Gnostiker und Kabbalisten (verfinsterter Gott; Welt = modificatio essentiae divinae = Deus expansus et manifestatus. Lehre vom mundo contracto et expanso; Oken's rotierender Gott), Pseudo-Dionysius, Scotus Erigena, Almericus, David de Dinanto. Pause: die trunkenen Soldaten schlugen aus; keuchten, warfen sich bellend über die Nutte. – Ich sprach schamvoll lauter (daß Anne nichts hören möge – ach, sie hörte es ja doch!), ich nannte den verehrungswürdigen Namen Giordano Bruno (spatio extramundano), Spinoza, Goethe, Schelling, Poe Trismegistos (Heureka), die neuen Mathematiker und Astronomen, bis der Alte erstaunt und kränklich erfreut aus weißdornigem Munde lachte (es war ihm scheinbar wohler, so viel Autoritäten mit sich zu wissen. Von der Geborgenheit.) Meinetwegen auch Nietzsches Physikalischer Witz von der ewigen Wiederkunft: was das manchmal für ein flacher Kopf war! (Daß sein Macht-Leviathan begrenzt und »also« – ist das nicht eine exakte Begründung, so gut wie eine im Aristoteles?! – selbst sterblich sein müßte, hat er wohl gar nicht gedacht). – Die Religionen mit ihren »Schöpfungen« und »menschgewordenen Göttern« (obwohl sie alle dann den Fehler begehen, ihren Gott trotzdem unverändert weiterbestehen zu lassen). Ehrwürdiger Buddhismus (für wen K.E. Neumann zu langstielig ist, mag's mit dem Pilger Kamanita versuchen); die Polytheismen der Alten (die wußten noch, daß der große Pan sterben konnte!), die »zerteilten Götter«; Orpheus, Thammuz, Linos, Adonai. Elementargeister. – Schweigen. Weinen aus der Pfarrersecke; HJ krächzt ein »Kampflied« (oben gebärden sie sich heldisch-rein, aber die Fundamente stehen im Blutsumpf von 20 Millionen teuflisch Geschlachteten. Ich habe diesen Monat in Pirna ein KZ auf dem Marsch gesehen: Judenfrauen und ihre Kinder, alle fürchterlich abgezehrt, mit unirdisch großen dunklen Augen, daneben fluchende rotbackige berittene SS-Henker, in schweren graugrünen Mänteln, wehe!) – Der Alte

warf sich vor; er fragte schrill: »Wie? Auch der Leviathan stirbt?! –« Ich
hörte aber nichts mehr. Ich erstarrte in Kälte und Schlaf.
(Einmal ganz fern schweres erdbebengleiches Rollen. Lange. Wie ein
Riesenluftangriff. Dresden? Gott spaziert auf Bombenteppichen.)
Gegen Mitternacht erschien ein Stück Mond im Himmel
Ihr Gesicht wurde gleich hellgrau und starr. – Der Schnee kreischte im
Takt heran; es schlug an die Tür; der Heizer. »Kommt raus! Schaufeln!«
Ich streckte mich steifbeinig hoch, schob ihr Halme hinüber und sprang
durch die Tür in die nahe Silberfläche: da wimmern sie alle in der eisigen
Nacht. Die Schienen blinkten manchmal blau; Reif hing an den Weichen-
hebeln. Wir hieben und schaufelten an den Rädern herum, gafften
erschöpft in perlmutternes Gewölk, in eckigen Blockbuchstaben stand's
im Schatten am Stellwerkturm.
Der Frost, der Frost. Wir bohrten mit marmornen Händen am strahligen
Eisen. Beißendes Schneepulver schwebte um Nase und Mund. Ich
würde Sie aus silbernen Lidern ansehen. Der Alte stürzte mir an die
Schulter; ich zog uns in den Wagen.
Spät. Spät
Der Mond grellt im Pappelgang. Stimmen berieten unten. Ich hielt
lautlos die Gesichtsscheibe an den Spalt. Die Jungen stützten sich auf die
Panzerfäuste, einer sagte: »Wenn wir beide zugleich losdrücken, geht der
ganze Karren mitsamt den Verrätern und Pazifisten hoch –« (Pazifisten,
das ist ihnen das größte Schimpfwort, das Volk aber schreit »Heil!«
dazu.) Ich zog rasch die Pistole, entsicherte, und legte am Türrahmen an.
Der andere sann; dann meinte er (Oh, des Bedachtsamen, Einsichtigen:
nein, welche Reife!) »Es sind aber noch die beiden Soldaten drin, der
eine, Verwundete.« Pause. »Aber einen Schreck einjagen müssen wir
den alten Säcken«, entschied der Erste, »Du: wir schießen zwei davon
gegen den Bahnhof ab! Mensch, die machen sich ein!« Schon prustete
jener nickend und erheitert. Sie nahmen Deckung; sie hoben die Röhren,
knipsten. Krach und Schlag kam ungeheuer. Sie schulterten prahlend ihr
Gerät und schritten breitstakig von dannen. Die Sieger. (Ein Stein der
einstürzenden Front hat Wagenplanken eingedrückt. In dem engen
Raum ist man halb taub).
6,18
Alles aus. –
Wir fuhren an, nur ein paar hundert Meter, waren sogleich auf dem
Viadukt. Es hallte. Nur gut, daß es so langsam ging. Hoch über dem
Fluß. Da riß es auf einmal den Waggon vorwärts. Stand wieder. Die
Vorderwand platzte. Es ging alles so schnell. Wir hasteten vorsichtig

hinaus: da fehlte die Brückenwölbung vor uns; die Lok hing schräg über dem Abgrund (und hinter uns hat der Schwellenreißer gefressen!!), Feuer brach aus dem geborstenen Kessel, und sofort begannen Granaten in der Luft zu singen (schönes Ziel, was?!). Sie tasteten sich (schreiend in der jaulenden Finsternis) auf der geländerlosen Riesin nach hinten. (Einer mochte stürzen; denn Geheul flog blitzschnell nach unten.) Da: ein zackiger Feuersturm stand brüllend am anderen Ende. Wir (Anne und ich. Wir.) krochen stumpf (mit jagenden Herzen) in den Wagen. Die Eisendämonen schrien und jauchzten um uns, über uns, unter uns. Noch oft krachten die Einschläge hinten, und einmal schütterte es, als breche ein Berg zusammen (und Brausen von gurgelnden Wassern).

07,00

Eisiger Nebel wallt auf, schluchthoch. (Hel, die Wasserhölle.) Es hellt noch nicht.

07,10

War draußen, stolpernd. Gestützt auf Steinblöcke im Eisrauch. Acht Kleinschritte hinter dem Reißer gähnte still der Nebelpfuhl. Ich hob zwei Kiesel von der Beschotterung und warf den einen über'n Rand: es schluckte nicht einmal, blieb alles still und blicklos. Ich schwang den andern in steinerner Faust; mattsausend entfernte er sich nach dem anderen Ufer. Horchen. Nichts. Ich nickte sinnlos und geheimnisvoll. Gut, gut. Ich wandelte zurück; ich klomm ins Wagenwrack; ich sagte zu Anne: »Auch hinten eingestürzt. Wir sind allein; mitten und hoch über'm Fluß.« Sie blies unwillig durch die Nase; sie wies mit dem Fuß voraus: »Er stirbt –« sagte sie stirnfurchend. Ich trat breitbeinig durch's erste Grau; der Alte saß steif aufgerichtet an der Bohlenwand und atmete rasselnd; ich sah mich um: niemand mehr sonst im Waggon. Ich zog die rechte Hand aus der Tasche und packte sie ihm auf die dünne Schulter; die Augen gingen auf: sie waren noch klar. Er sah mich fest an; der graue Mund spaltete sich angestrengt ein wenig, die Brauen rangen: »Der Leviathan –« heiserte er, zwang (amüsiert sich höhnend) eine Mundecke hoch: »– nicht ewig –?« Anne war neben mich getreten; mein Mantel spürte ihren Pelzärmel. Ich fühlte mich hager und ausgehöhlt, jahrhundertealt (wie Harry Haller), ich antwortete dem Tapferen: »Seine Macht ist riesig, aber begrenzt. Daher auch seine Lebensdauer.« Ich wartete; seine Augen schlossen sich einmal mühsam und dankbar: er hatte verstanden. Ich sprach rasch: »Buddha. Lehrt eine Methodik des Entkommens. Schopenhauer: Verneinung des Willens. Beide behaupten also die Möglichkeit, den Individualwillen gegen den ungeheuren Gesamtwillen des Leviathan zu setzen, was aber in Anbetracht der

Größendifferenzen zur Zeit völlig unmöglich erscheint, zumindest auf der ‹Menschenstufe› der geistigen Wesen. Vielleicht löst sich die Bestie aber in ‹Diadochen› auf (christliche Andeutung in Luzifers Rebellion; umgekehrt will Jane Leade mit vielen Guten in einer magischen Kraft zusammen wirken und so die Natur paradiesisch erneuern – ist ein Ziel: Aufstand der Guten), und diese wiederum in immer kleinere Einheiten, bis endlich ‹Buddhismus› möglich wird und so das ganze Gebilde zur Aufhebung kommt. – Vielleicht sind noch andere Wege –«. Er sah mich zuerst gequält an, arbeitete; die Augen wurden eulig, rauchig, ah: ein Funke. Er flüsterte:»Gut.« – Der hohe Kopf knickte ab, nach vorn; ganz beruhigt, lang, hörten wir:»Gut ...« – Da richtete ich mich auf.

08,20

Wir erröten im Licht. Oh, greasy Joan.

Ende

Wir werden in die grobrote bereifte Tür treten. Goldig geschleiert wird die Teufels-Winter-Sonne lauern, weißrosa und ballkalt. Sie wird das Kinn vorschieben und bengelhaft den Mund spitzen, die Hüften zum Schwung heben. Starr werde ich den Arm um sie legen.

Da schlenkere ich das Heft voran: flieg. Fetzen.

DIE UMSIEDLER

I

Der frühreife Mond schob, rachitisch krumm, übern
Bahndamm; einmal·wieder Fleisch satt. Büsche noch
mit etwas frischem Regen verziert; und wieder anfang
könn zu rauchen. Eine fette Wolkennutte räkelte graue
Schultern hinter den Abendwäldern; Makkaroni und
die harte Ecke Schweizer reingerieben. Zwei Winds-
bräute rannten auf mich zu, mit zarten staubigen Mäh-
nen, durchsichtigen gelben Leibern; irrten verlegen
näher, rafften bebend die Schleppe, drehten sich und
seufzten entzückend (dann kam aber schon das Liefer-
auto von Trempenau, und sie mußten hinterher, gezo-
gen, mit langem mänadisch durchgebogenem Kreuz:
Eener mit'm Auto hat immer mehr Chancen!)

Die gesunkene Sonne hinterließ noch lange das Rot von Löschpapier, in
das von oben her Tinten der Nacht einsickerten. Regen floß dann schräg
um die knochigen Bäume; Wind gab krummen Flüchtlingen Püffe
in Haar und Augen, mach daß Du weiterkommst, die Wetterhähne
schackerten auf den Firsten. Graue Siedlung mit Schiefer gedeckt; zum
teufelsten Male die Ronde um Benefeld, immer außen rum. Im kahlen
Himmel hallte der Wind sehr; Radio entwalzte lang allen öden Dachluken: da saßen sie mit wütenden Gesichtsscheiben bei 25 Watt; meine
lehmigen Füße trieben mich im Wegerinnsal, bis' Herz abgewetzt war
wie der Mantel, Salat, Salat. Kein Lastenausgleich, Hausratshilfe, Auf-
wertung der Ostsparkonten (Fluch den Ministern!). Die Sterne erschienen wie Diebe in Regenmänteln, in schleichenden Wolkengassen. Aber
dafür drei Mann in jeder Stube; aber dafür Wiederaufrüstung he: was
müssen das für Ochsen sein, die sich den Fleischer zum König wählen!
Der schwarze Wind gebärdete sich wie ein Rasender, rempelte und
schrie; den nächsten Zweig hieb er mir durch die Stirn, pfiff einem
Kumpel und spuckte Regen: der kam johlend von hinten, trieb mir den
Hut hoch und würgte am Schal. Aber dafür klappt die Umsiedlung
immer nicht: in jedem Beruf ist ein Mensch mit 65 ausrangiert; aber der
Staatsmann, Senilissimus, wird scheinbar erst mit 75 so recht reif,
eiskalt, total unmenschlich, greisig gräulich griesgram Gräber grimmig.

31

Drei graue Fledermenschen kreuzten mich in langen taumelnden
Umhängen, und schon erschien der schwarze Dachkeil des Nieder-
sachsenbauern: Niemand, der nicht Landwirt war, hat ein Recht von den
Schrecken des Krieges zu reden: die ewigen Kontrollen, mein Lieber!
Daß Euch der Kriwitz! Eine magere Silbereule hängt reglos im Kiefern-
webicht; am Teich: wegelagern Baumkerle in Nebellumpen, Arme wie
Keulen, knotig drüber gehalten. Drinnen der Tischfluch über die Sirup-
schnitte; verschimmelte Wände, wer kann das Loch erheizen; hinein in
Wetzels Belphegor (gottlob war Beier noch nicht da); und dies ist das
sogenannte Existieren, was wir jetzt tun. (Die Windschlägerei tobte
draußen immer noch fort.)

II

So mißfällig betrachtete er die dritte Kiste, daß sich sein
Gesicht zusammenrollte; dann wies er Müller mit der
Schulter an: »Holz....?« »kopf.« antwortete Jener
düster und wölbte auch den Rücken:»Holz? .... kopf!«,
bis das Getüm in der Ecke lastete. »Das Bett erst!« und
Kreisflüchtlingsbetreuer Schulz mahnte von unten in
alle roten Güterwagen: »Immer bis obenhin laden. –
Ganz dicht.« Auch zu uns: »Immer bis oben hin!«. An
seiner Schulter sprach Lepke sorgfältig: »Holz–« und
Müller gramvoll: »kopf«. Selbst der Wind war viel zu
kalt, letzten Endes doch wohl nur n richtiger Ausfeger,
Rausschmeißer, und dann hob sich Schulz auf die
Zehen, sah in die Liste, und schrieb mit Kreide an
unseren Wagen ALZEY.

Eine Kiste (ohne Deckel) kaufte ich vom Lepke, die andere brachte
Vehlow gratis aus der Waldorfschule mit. Erst die Bücher, das war wie
Baukasten spielen. In die lange kamen unten Zeitungen rein, und dann
das bissel Anzuziehen – Quatsch! die Zeltbahn muß natürlich zu unterst;
also: Alles nochmal raus. Holzwolle in und um die zwei Tassen, die
wiederum in den großen Topf; der Pokal hatte sein extra Kistchen, und
da gingen die Likörgläser noch in die Ecken. Beschriften soll mans auch,
so malte ich handlang mit Ausziehtusche und trugs vorschriftsmäßig in
die Transportlisten ein, dreifach. Abschied nahm ich nachts um Zwölf,
da sah ich die albernen Gesichter wenigstens nicht mehr. Intensiver
Dorfbummel, for the last time once more, nur selten gab ein Haus noch
Licht, um Euch wein ich keine Träne: hatten die ‹Deutschen Rechts-
parteien› nicht schon beim ersten schüchternen Anlauf wieder 24% aller

Stimmen ‹auf sich vereinigt›?! Wind pfiff auf meinem Ohr und fummelte eilig am Mantel; da wußte ich schon, ich sollte noch einmal mit, auch der spitze Stern zeigte marsch in die Wälder. Die Haidestraßen lagen um Mitternacht schön leer: weicher graupolierter Asphalt, oben der Lichtteich im rauhen Wolkenmoor, die Bö schob mich an und ich fror mich glücklich, floß über Straßen, rann in verschlagenere Wege, ein fernes Motorrad stürzte plärrend seinem Lichtfleck nach, Wasser lallte drude unter meinem Sprung und füllte mir den Schuh mit schläfrig eiskalter Liebkosung; und der Chauffeur lachte nur, als wir morgens die paar Kisten auf den LKW schoben (hier fielen die Bettbretter das erste Mal auseinander, und ich mußte rostigen Draht am spöttischen Hang suchen). (Vorsichtshalber noch mal austreten, und mein Wässerlein ringelnatterte unters Blaubeerkraut; verrückte biologische Welt!) Sie kriegten jeder die Zigarette, denn Müller und Lepke fuhren ohnehin zum Stempeln nach Fallingbostel; ich dachte nochmals den Abschiedsfluch hausum, so, und nun fahr zu, Schwager! Die niedersächsische Sonne strahlte aus dem windigen blitzblauen Novemberhimmel; auch sie war froh, daß wieder ein paar Flüchtlinge weniger wurden. Manche standen schon und kanteten Schränke hinein, Andre kamen angeknattert, der mit Anhänger, Einer hatte sogar zwei lebende Ziegen im Lattenverschlag. Der Kreisflüchtlingsbetreuer lotste uns zum G-Wagen; wir stapelten mein Gelumpe flink in der Ecke hoch: Wiedersehn, Herr Müller: noch aus der Kurve winkten sie bieder, eine Hand krampfhaft am Seitenbrett. Ein sauberer Kleinlaster schnürte heran (.....) ich verhielt meinen Absprung noch (.....) kurvte arg elegant, und die zähe Mädchenstimme fragte: »Also hier rein!«. Sie gefiel mir so, daß ich spontan zugriff, und mit dem Fahrer, o Du Menjoubärtchen, ihr Zeug hochholte: viele feste Kisten (»Vorsicht: da's Radio drin!«), Schränke Tische Stühle mit umwickelten Beinen, und sie lächelte sehr zu meinem Lohn.

III

Die Sonne strich ihr über den karierten Rock (dahinter: schwerer Reif im Blaubeerkraut, und gefrorener gelber Sand, den man bestimmt noch leicht zerbröckeln könnte). Zwischen Koffern:»Gehn wir zur Börse?«. Ein Staubkerl erhob sich mittelgroß, walzte breit auf der Straße heran, überrannte uns schmale Rücken. Züge erschienen ernst, hielten, luden Hastige aus und ein, rauchten, schlängelten langsamschnell davon, Blauwölkchen flogen hurtig über sonnigen Gleisen: öde. Augen wie helles Vogelgeschrei. »Gehen wir?« Jetzt waren sie gekonnt erstaunt unter der entspannten Stirn. – »Ja bitte!«

Ihr Koffer war toll schwer; aber nun mußte sie, die Hände im Mantel, nur eine breite moderne Jagdtasche über der subtilen Schulter, langsam neben mir her bummeln (auch unsere Möbel standen oben listig eng aneinander geräumt!). Zwei Gastzimmer der Börse; erst halb voll; vorm Fenster lockte ein winziger Rundtisch. Ich schob die Schuhspitze an den Rand des nächsten Sonnenflecks und bat:»Sind Sie auch allein?!« Sie überlegte, gerade so wie man soll; dann wiegte sich ziervoll der Lippenkelch:»M-m.« Sah anerkennend zu, wie ich die zwei Stühle belegte, und mit den Koffern unsere Weltecke verschanzte. Ein bißchen sitzen. »Katrin,« deklamierte sie düster:»und eine arme Witwe.« (Der Mann 44 nach halbjähriger Ehe gefallen; und sie ist auch nicht katholisch.) Sie aß dann zwei schicke Brötchen Wurst und dicken Edamer mit feuerrotem Wachsrand, trank lehmigen Thermoskaffee. Am langen Rechteck nebenan zog eine Großfamilie ein: Vater, Mutter, sechs erwachsne Söhn' und Töchter; drüben beim Ofen possessiv lärmend Borck mit seiner Högfeldtserie von Zwölfen, kam klein und bucklig an und plärrte mit den Hauerzähnen.»Kenn Sie den?« fragte Katrin draußen, als wir ein Stück haidwärts zogen.»Ich war Dolmetscher an der Hilfspolizeischule, und er Kammerverwalter«.»Und jetzt übersetzen Sie Bücher.« Die Sonne kam wieder den Weg entlang, Schatten entwischten auf Feldern, die Forste hallten noch mehr von Wind. Ich breitete meinen Soldatenmantel, Sir Walter Raleigh, über den Baumstumpf, und die Queen nahm Platz. Besah den Atlas, Marburg, Westerburg, Alzey, weiter. Unvermittelt:»Sie frieren nicht!« Schwarze Stimme, Gesicht hunnischblaß, Herzjägerin der Lüneburger Haide, sauvage et non convertie, mit Brauenpeitsche und Bogenmund. Wind überfuhr uns mit sausenden Glaslasten, Zweige schlugen zarte knöcherne Wirbel, im Gras raschelte sichs zu. Die Beute neben sich, erlegt im Kraut. Ihre gelben Hände flimmerten ums eckige Buch, die breite graue Riemensandale hob manchmal sacht die Spitze und klopfte buschmännige Zeichen. O Rock und Bluse! Katrin lächelte listig und faul, an mir vorüber, abwesend, durch mich hindurch, für mich, über mich hinweg. O Rock. Blauweiß das Himmelsschachbrett mit Wipfeln bewegt. Und Bluse.

IV

> Himmel schon rotblau gestreift wie ein Fuhrmannskittel, und der Wind blies uns so kalten Staub auf die Backen, daß Katrin energisch: »Ach du Donau!« zu ihm sagte; trotzdem besahen wir diesen letzten Abend, bis er wüstenrot wurde, ganz leer, und überhaupt übertrieben. Dann gingen wir hintereinander durch den steinernen Flur wieder in die große Gaststube, wo es schrecklich von Kindern schwärmte, gehenkte Mäntel ringsum; und Stimmengulasch in gelber Lichtsoße. »Wollen wir auch was essen!«; ich sah indessen ergeben durch die Scheiben auf die eckige Nacht: also hat der rotierende Gott die Welt geliebet; tja. (Brause 30, Brühe 30, Kaffee 50).

Wulstiges Gelächter; »Äin Äi« (das ist natürlich Borck); die hagere Frau gürtet eine Schürze um und macht Schnitten für viele Kinder: die fuhren aufeinander im Saale umher und zwitscherten sich atemlos; (Eins wunderte sich gelehrt überm Atlas, wie die Länder so komische Namen hätten: ‹Eng›, ‹Nieder›, dann gar ‹Ruß›); junger Mann mit schielgelbem Mädchen, samtig grundloses Slawengesicht: natürlich: auch aus dem Kinderwagen schielte's schon sanft und versoffen; uns gegenüber der alte Mann in feierlich dunkelgestreifter Hose, seine seidengraue Fünfzigerin: würdig weidete ein Cyklopenpaar unter Rosen (?). Dem Wirt war es anscheinend ungewohnt still; er griff nur einmal nach dem Knopf hinter sich: »knack am Fänstör – des Panazzo – fallän dunkäll – note Nosön« jauchzte es geschmeidig, Geigen pfiffen sich bogig immer höher, und die Yahoos feixten und bliesen moorigen Nebel aus den Backentaschen. Viele Rentenempfänger. »Die haben sich möglichst Solche ausgesucht, die keine Arbeit wegnehmen,« flüsterte die aufmerksamere Katrin. »Warum haben Sie sich eigentlich gemeldet?«. »Och,« sagte sie (nur widerwillig noch mal dran denkend): »ich war bei einem scheußlichen alten Weib zur Untermiete, so eine ‹vornehme› Greisin, mit ner total bekloppten Tochter. Sie schwärmte immer noch von ‹unserem herrlichen Bismarck›, und wollte für jede Tracht Wasser 2 Pfennig und n Psalm –« sie raffte zierlich Mund und Nase, als sie über die bösen Erinnerungen hinweg mußte:»und Sie?«»Ungefähr dasselbe: n verschimmelter Keller zu Zweit – mitm Kolonialwarenhändler zusammen –« beeilte ich mich hinzu zu setzen, als ich sah, daß die Augen zu knistern anfingen (war aber tatsächlich so gewesen!),»Der wollte jetzt noch heiraten, und für Drei – bzw. Vier, Fünf, i.i. – war s ja nu wirklich zu eng. – Da hab ich mich als gentleman eben weggemeldet.« Mitten hinein kam Flüchtlingsbetreuer Schulz, ganz Tatkraft und Breecheshose, mit zwei Mann Gefolge:»Ich verlese jetzt die Listen«, begann er so angespannt und hinterhältig, und griff nach dem Einen, als stünde der Faustmonolog bevor. Tat's sogar zweimal, damit es spannender würde. Bei ‹Katharina Loeben› hob sie jedesmal 3 Finger und sah sich aufmerksam und vergnügt um (»Eine kleine Reise möcht ich machen mit Dir«: um 4 morgen früh solls losgehen, d.h. also wenn wir Glück haben um 6!). Kurz draußen: Mond schob sich steif und generalobersten durch die Reihen erbleichender Sternmannschaften; der Wind murmelte und experimentierte mit Allerleigewölk; eine Lokomotive bummelte gleichmütig um den Bahnhof und pfiff sich eins: ist Alles ‹Medizin›.»Und Sie legen sich jetzt hin,« bestimmte ich,»und nehmen meinen Mantel dazu. – Ich bleib wach und paß auf.«»Ich hab doch Decken –« tat sie erstaunt.»Dann nehmen Sie ihn untern Kopf. – Ich wollte wenigstens ein Andenken haben. – Bitte.«»Und Sie sitzen dann da und frieren,« sagte sie wild und glücklich und stolz, stand auf, gähnte diskret mit den Schultern, und ich machte indessen auf dem Fußboden unterm Fenster das Lager zurecht. (Oben das Silberhermelin schlüpfte glatt durch Wolkenfugen, gierig, immer dem zitternden Blaustern nach).

V

> Ein Frierender, der sich mit beiden Händen zudeckt; auf
> dem Fußboden der Frauenkopf in schwarzen Mänteln;
> traurige Einzelflamme im Ofeneck, groß und rotlockig.
> »Einbier« für den krätzigen Markschein und er schiebt
> mir noch gelbe gepreßte Groschen: wohin gehts denn?
> Weiß nicht. Draußen: hohlgeschliffener Mond liegt auf
> dunklem Samtkissen, Teil vo'm gefährlichen Besteck.
> Stehen mit ödem Kopf oder meinswegen auch zehn
> Schritte weiter. Mond Licht; Kiefer Leuchter; Nacht-
> wolke Dach: leben wir nicht hoch?

Die letzte Schlesierecke geht schlafen (»Legt Euch ock hin. / Och, a
schimpft sich Inspeckter. / Ob a so heeßt, weeß ich nich; jedenfalls
unterschreibt a sich immer so.«). Der Hirnverletzte, und besoffen dazu,
faselte geil (oder wie der alte Gessner sagen würde: über die Maßen
vnkeusch): na, der hat n Paragraph 52, also nicht aufregen, geistig
befindet man sich ja ohnehin lebenslänglich in Einzelhaft. Ich kannte
mal Einen, wenn den der Ekel packte, ging er auf den Hausboden, und
schlug dort ne halbe Stunde lang Nägel in ein Brett, grade und krumm,
wies kam, in finsterer Kurzweil. Und war ihm dann leichter? Leerer, ja.
Und s ging wieder n paar Wochen. Was war für mich an der Tages-
(genauer Nacht-) ordnung? Der Schluck aus der Feldflasche: der Kaffee
war nach Farbe und Geschmack, als sei er unmittelbar aus dem Acheron
geschöpft. (Armut der Sprache: Einer der nichts hört, heißt ‹taub›; wenn
er nichts sieht ‹blind›. Wie aber ist er zu nennen, wenn er nichts riecht?
Vielleicht ‹glücklich› schlug ich mir denkfaul vor: auf jeden Fall, was?
Und wenn er nichts schmeckt, und ich blickte angewiderter in das
schraubige Aluminiumloch). Mond, Horcher an der Wolkenwand,
schob den kahlen leprösen Schädel, mit bläulichen Lumpen verwickelt,
ins Fenster über Katrin; großporig, zerbuhlt, bistDuschonaufgeklärt,
frech wie Weisheit. Leise das Schenkenradio mit »Variationen über La
Paloma«: die bestanden darin, daß sie das Ding abwechselnd eine
Oktave höher oder tiefer und zuletzt so stotternd schnell spielten, daß
man vollkommen zappelig dabei wurde. Dann lobte ein gemischtes
Doppel die Kadum-Lanolinseife derart blödsinnig, daß ich doch wieder
ungeduldig nach der nächsten weißen Taube verlangte, die denn auch,
NWDRhaft rasch, nicht lange auf sich warten ließ: und die halten sich nun
für den kulturellen Feldherrnhügel unserer Zeit! Da sei Gott vor und
unsre Liebe Frau von Guadaloupe! Die alte Pelzmütze schnarchte wie ein
Reißverschluß, den man pfeifend auf und langsam wieder zu zieht. (Ein

37

moderner Totentanz: als Autobusschauffeur; als Diplomchemiker; als Kanzler; als Bobschlittenlenker; als Flüchtlingsbetreuer.) Schlaflose Glühbirne auf dem Flur; Nachrichten flüstern aus schräger Tür. Draußen: Himmel mit den Sternzinken der Astronomen beschrieben; auch der Mond lungerte noch immer durch die Nacht; (zwischen hünenhaften Wolken; und da griff ich mich wieder durch die dicke teerige Luft).

VI

Es gab einen furchtbaren Ruck, Funkiges fuhr seidenrot vorbei, und wir rollten wieder ein Stückchen. Das Licht hieb mit geschliffenen Äxten durchs Abteil, zackige Schwerterbündel rannten an uns hoch, noch floß Jedem die große Messingsäge durchs Gesicht; es sauste unaufhörlich, und wir saßen wie in einer dunklen spitzigen Zaubermuschel. Einander. Im bauchigen Talkessel wallte Nebel; dicke Weidenköpfe erröteten. Neben mir knarrte das dicke Mannsvieh wieder im Dreiviertelschlaf, sein dicker Schenkel schwankte und zuckte, und ich war froh, daß nur ich neben ihm saß. Katrin lachte übernächtigt, blies aber vergnügt in ihre kleine Mundharmonika »Lieb Heimatland, Adé«, mit aigu.

Breites Morgenrauh war mit flacher Mondnadel an die fliehende Nacht geheftet. Dann: Himmel rotgeätzt mit Strichwolken; ihr Gesicht wurde auch ganz rot und gelb; wir lachten uns an, und peinigten unsre gefühllosen Hände. Ich grub das Buch aus der Tasche: »... Er brachte sie, auf einer Silberwolke, / auf eine Insel, die, dem Blick der Schiffer / verborgen, unter ewgen Wolken ruht.« »– schön –« dehnte sie, und lehnte sich fester an unsere rumpelnde Dreckwolke. »... Du bist dieselbige, / nach der ich oft in Mitternächten weinte! / Bei Deinem Anblick schwiegen alle Wünsche, / aus Deinen Blicken strömten Ruh und Wollust.« (Wieland: Wollust: ja.) »Ähä,« machte sie betroffen. Das Sonnenfeuer fraß sich höher in den strohigen Morgen; der graue Hagemond verschwand in irgend ein Moor: farewell Niedersachsen: bist selber schuld, warum hab ich nichts bei Dir gegolten! Katrin brachte wieder die Wärmflasche mit dem Rotenkreuzkaffee heraus, und wir aßen Jeder eine der gutgemeinten Honigschnitten. Die alte Frau erzählte im Abteil: »Ich will ja bloß ne Kirche am Ort haben, daß ich wieder jeden Morgen die heilje Messe hören kann,« und sah sich heiligmäßig um, weiße Härchen wie Nebelbausche in den Ohren. Na ja, »Wie spät wird sein?«. »No –« schätzte ich, »5 Uhr 52 Abfahrt–Eickeloh– Schwarmstedt–Burgwedel–no: Neune?« Die Leine schlängelte sich um muskulöse Hügel; nebenan spielte Einer auf der uralten amerikanischen Patentzither mit unterschiebbarem punktiertem Blatt (ach, ich weeß nich, irgend was Muthaftes, und endete verdächtig nach ODeutschland- hochinEhren). Ein schlesischer Schuster aus Volkersdorf kannte Katrins Greiffenberg: »Na nu!« Und die Namen purzelten: Prenzelpark, Kien- berg, Stausee, Munko-Müller, »Rietcher ei a Sechshäusern«; und sie wandte sich zu mir und erklärte es atemlos: das Haus in der Gerber- straße. »Tanzpuppen hab ich mir immer gemacht,« sie beschrieb die Pappgestaltchen genau, man zog am Bindfaden und das Kerlchen ver- drehte scharmant Hände und Füße. Ich vergalts und erwähnte die Streichholzschachteln, die ich als Kind immer wieder gepackt hatte: mit winzigem Schreibgerät, schmalgeschnitzten Bleistiftendchen, kurz geschäftete Stahlfeder, auch Papierstöße von Schachtelformat, dazu Nadel und Faden, eine gefaltete Weltkarte in Mercatorprojektion. (Schon damals ahnte ich das Fragwürdige allen Besitzes, der sich nicht in ne Streichholzschachtel packen läßt!). Auch der zithernde Tischler begann jetzt religiös von Loretto zu schwärmen, und ich notierte mir zum Nachdenken ‹Sollen Zimmerleute an Gott glauben?›. Ich jedenfalls würde einen vorziehen, der zum Dachstuhl solcher Hypothesen nicht bedarf.

VII

> My godfather der Gestank! Von den drei Türen fehlte eine ganz; Urin schlappte gelb auf allenallen Fliesen; braune Haufen gedreht wie Seile, fladenschmier oder teokallisch gestuft; brühige Wische, wahnsinnig ge- tränkt, Hilfe, Licht aus buchgroßen Dreckscheiben. Ich zog mir flüsternd balancierend vor Ekel die Hosen herunter, bloß raus, und breitbeinig, noch Papier unterm Kinn zur narbigen Steinschwelle. Wind fuhrwerkte eisern und überall ruckten Züge. Erschöpft. Eselgrau paßten die Bahnsteige unter ihr mageres Gedach bis dicht an die faden Mietshäuser: das also ist der Göttinger Hauptbahnhof.

Ausgerechnet beim Essen – Erbssuppe mit einem schlanken sehnigen indianerroten Würstchen – kam die Ansage, daß jetzt umgestiegen werden müsse: Alzey nach hinten, Westerburg vorn. Da wir natürlich vorn waren, verbrühten und beschmierten wir uns noch rasch, und tobten dann mit dem Gepäck weit, weit nach hinten – – ein möglichst leeres – –: hier! das junge Mädchen zeigte ein so böses Gesicht, als könne sie vor Gedränge kaum noch stehen; ich knackte die Tür, und richtig: sie war allein mit ihrer Mutter, beide braun und wollig (»handgestrickt« hauchte Katrin fachfraulich). Nach einer Minute war sie schon mit Beiden im Gespräch, Weber hießen sie, der Mann kam auch bald aus dem klobigen Wind; bei Aufzählung ihrer Möbel war das Hauptstück »der handgeschmiedete Kleiderständer«: »Ich bin Schmiedemeister.« sagte er vertrauensvoll, »n schönes Haus wars: zweistöckig. Und Landwirtschaft dabei. Fümfundvirzich sind ma rausgemacht, wie da Russe kam, nach Thüringen. Und in Hannover ha-ich dann in da Maschinenfabrick gearbeit. Aber wir hatten bloß eene Stube und Kammer, und s Dämchen iss doch nu groß.« Wir nickten: im Bilde! »Wir wollen uns verbessern«. »Verbessern tut man sich nie.« entschied ich kopfschüttelnd aus dem umzugsreichen Erfahrungsschatz eines langen und übel angewandten Lebens – ein Blick auf Katrin: »Vor Allem, wenn der Anfang so unheimlich gut ist.« Sie suchte in ihrer Handtasche vor Befriedigung. (Dann ging ich, wie gesagt, nach einem Klo, und klomm über Zementbänder und schwarze Eisensehnen wieder hoch). Die Regin schluchzte untröstlich und schlug ihr Silberhaar über die Scheiben; die Dämmerung im Abteil wurde tiefer, und wir buchstabierten schon abwesend an den Reklamen; Wind fluchte abgebrochen; man rangierte uns hin, her. »Ja, s sind gute Leute.« (waren mal allein), aber: »hat schon mal Einer von ihnen bei Ludwig Tieck geheult vor so viel Schönheit? Oder sich von Hoffmann adoptieren lassen?« Ich mußte erst erklären, was ich wollte; die Akkuwagen der Bahnpost drüben summten aus einem Lichttrichter in den anderen; ein Zug englischer Halbkettenfahrzeuge harrte stumpf wie wir; mit Soldaten und Flüchtlingen können sie Alles machen! Einmal erzählte Weber, wie sie mit ihrem Auto (aha, das sollte also erwähnt werden!) an einen Baum gefahren seien, und sein breiter Kopf wandte sich langsam hin und rüber. »Ist dem Baum was passiert?« fragte ich mechanisch, und sie lachten und hielten's für n Witz. Nebenan döste ein spätes Mädchen, vor dem Webers schon einmal geflohen waren: »Bloß gut, daß Sie hier sind,« vertrauten sie uns an, und wir wurden allmählich intimer, as far as it goes. Dann kam endlich der hölzerne Knuff in den Rücken, Jeder sah hoch, ob die Koffer fielen, und ich schloß für eine Viertelstunde die Augen. Dann war die Stadt weg; viel Getümmel der Luft, nasse Lichter reisten an den Horizonten; Schattenpferde, jagten die Bäume nach hinten; die Scheibe der Dämmerung beschlug noch grauer. Jede Station henkerte uns mit Bogen-

lampen, hackte Hände ab, sargte die gestreiften Rümpfe hastig in zu
kurze Lichtbretter; so also sah Katrin ohne Kopf aus.

VIII

> Rücken wie Holz, und Nacht im Großbahnhof, öde
> und lichtgerändert; Gütermanns Nähseide prahlte über
> Mauerflecken; die gelbste Bogenlampe sprengte schräg
> unser Abteil. Houh sang die Lok in die getigerte Nacht,
> daß Katrin biegsamte, und der alte Schmied murkste.
> Ein Mensch schlug verzweifelt mit dem Hammer ans
> Rad unter uns und schrie eintönig »ä-ie!« Tiefer drang
> der Lichtkegel in die weichenden Bänke, zwischen
> meine Beine, fegte hoch an der vernutzten Wand durchs
> Packnetzgitter. In der folgenden Schwärze schlug
> Katrin die Zähne in meinen Mund; der Zug stöhnte und
> toste nachtblind um uns.

Im Nebenabteil lag die Ältliche schon unter ihrem verblühten Kleid; da
gingen Mutter und Tochter auch hinüber. Katrin hatte drei Decken (eine
stumm für mich), ich legte ihr die Unterlage faltenlos glatt, dann das
Mantelmädchen drauf, und die letzte lange über Füße und Schultern
gestrichen: »Liegen Sie gut?«. Also rechts oben Katrin; hinten im
Rücken der Schmiedemeister. »Darf ich Ihnen noch etwas geben?« Zwei
dunkle Augenweiher, starres Wimpernschilf; ich atmete einmal zitternd
ein, und von Norden her zog sichs silbern, Lider überfroren die runden
Spiegel. Der ungebärdige Boden stieß mich überall; die Florlampe
schimmerte schwarz; die Tochter tastete noch einmal vorbei ins nackte
Klo und blieb lange. Die Türen meuterten in den Rahmen, Lichtbälle
trafen klein und irrsinnig, der Schmied trat und fluchte sogleich im
schweren Handwerkstraum. Aus den Teichen schmolz das Eis; ich
stützte mich schnell auf den Arm und unsere Gesichter flüsterten sehr
dichte Worte. »Wie die Alle schlafen können,« staunte sie vorsichtig,
»ich war schon als kleines Mädel son unruhiger Geist, mein Großvater
war Schuster, und die alten Leute arbeiteten ja furchtbar lange, da lag ich
immer nachts wach und hörte dem Pochen zu,« ihr Mund tappte süß
und einförmig durch die Erinnerungen, über mich, auf weichen Lippen-
schuhen, roten Samtpantoffeln: da nähte eine Großmutter für die Schür-
zenfabrik; Pfarrer Hein auf dem Fahrrade mit anstößig wehendem Talar;
einmal wäre sie fast über die Queislehne in Wiesa gerollt, und ich hielt
noch heut unwillig an den Händen fest. »Ich? Ich brauch der ihre

41

Bettelei gar nich!« versetzte sie abschätzig: »Ich krieg doch meine Rente: 180 Mark!«. »So viel?« fragte ich erstaunt, »ich denke, n gefallener Mann wird vom Staat bloß auf 60 geschätzt?«. »Das schon,« antwortete sie abgekühlt, »und meiner war nich mal so viel wert: stellen' sich vor: im Kriege geheiratet, 8 Tage für uns; und als er das erste Mal nachm halben Jahr auf Urlaub kam, erwischten wir ihn schon am dritten Tag mit der Nachbarin, seine Mutter und ich!«, sie entzog mir knapp die Hände, bog die Schultern um, und drehte sich auf den Rücken. Da kann man sich nur hinlegen und auch schlafen. Der große Knochige hatte den roten Schal und ne Tommybluse um und sagte laut: »Von der Regierung helfen sie uns nicht, da wollen wir selber lostrecken.« Und wir beluden wieder die Wagen und flossen über alle Straßen; der Wind schlug unsere Deckenmäntel zu Falten; die Eimer klappten hinten um die entzündeten Schlußlichter. Oben auf einem saß katrindünn eine Frau, das verdorrte Kind im amputierten Arm, und blies ein gefährliches Lied auf der Maultrommel, daß die fetten Einheimischen in ihren Bauernschaften erschraken und wispernd nach Polizeien fernsprachen. Am Abend verteilte der Anführer lauter Streichhölzer, und vom vielarmigen Wegweiser schlichen wir in alle diese Richtungen. – Gegen Morgen wurde unsere Fahrt reißender. Kiefernkrüppel tauchten aus weißen Mooren; Pfützen rannten auf Schlangenwegen vorbei; viele Birken. schwebten hinten durch die Haide. Am Kreuzweg hielt ein Fremder mit beiden Handschuhen sein starres Rad; reifige Plankenzäune galoppierten noch einmal ein Stück mit; dann riefen die Wälder wieder Amok über uns.

IX

> »Sieh mal: die Andern rasieren sich schon Alle!«.
> »Magst Du denn nun auch ganz bestimmt keinen Mann
> mit Vollbart?« – sie krauste das Kinn vor Abscheu, und
> ich stöhnte noch ein bißchen, ging aber dann doch zu
> der Schlange am Wasserhahn. »Mit Kaltem!«; so mäch-
> tiger Vorwurf war darin, daß sie mich erschreckt strei-
> chelte (bis sie der Bühnensprache gewohnt wurde).
> »Du, was iss das da drüben?!« Ich drehte entrüstet den
> soaphead und beschwerte mich durch die Nase: also
> entweder rasieren, Du Ding, oder den Ehrenbreitstein
> erklären, wähle! Als ich mich abtrocknete, stand drüben
> die ruinierte Häuserreihe; der Flüchtling fütterte seine
> Ziege; und hinten kamen sie vom Roten Kreuz mit
> Nudeln und Pferdefleisch (aber mehr Eingeweide und
> Knorpel!)

Ich lehnte ohne Zaudern ab, weil es keinen Sinn hätte, aber Webers
wollten nichts verpassen; so gaben wir ihnen denn unsere Frühstücks-
marken zum Mitbringen und hüteten dafür das Gepäck. (6) zeigte die
Limburger Bahnhofsuhr, als wir für die halbe Stunde aufs Nebengleis
geschoben wurden: da waren wir ganz allein in der alten hölzernen
Laube und flüsterten und tasteten. Wind hatte auch Sterne frei gescharrt,
und wir sahen eine ganze Weile zu, wie Webers das Abteil suchten (»Die
Blindesten aber sind Göttersöhne!« zitierte ich Hölderlin, Vogel der
morgens sang, und reichte Katrin als Beleg meinen starken Minuszylin-
der hin: also! »O da kriegt man ja Kopfschmerzen!« sagte sie abwehrend: »so schlecht siehst Du?!«). Die Kinder enterten natürlich den noch
rollenden Zug, der Fahrdienstleiter kreischte, Eltern galoppierten; wie
immer passierte den lieben Engelchen nichts, aber die Erwachsenen
brachen sich halb die Beine in Kaisersprüngen. Na, und der Kakao: wer
hatte Recht?! »Sieht nach Regen aus«, sagte Old Weber, behaglich die
Hände ums wärmende Kaffeegeschirr; ich überließ Katrin das nun
unvermeidlich gewordene »Schmeckt auch so«, und sah aus dem Fenster ins vorbeirinnende Lahntal: grauseidene Hügel, und es regnete
nicht, und der Strom schoß wiegend mit uns um die Kurven. (Amüsan-
ter Einfall: wenn sich im Lauf der Jahrtausende auch der Brechungs-
winkel des Lichtes von Luft in Wasser änderte? Ebenso wie die Schiefe
der Ekliptik: ändern ja auch Tiere und Pflanzen ab! Die Luft entweicht
ja auch bekanntlich langsam, und wird also immer dünner: ergo ändert
sich mit der Dichte des brechenden Mediums auch der zitierte Winkel!!
Ich finde Niemanden, der so häufig recht hätte, wie ich!). »Machs

Fenster ganz hoch.« sagte Katrin und nieste befehlend! noch einmal
(genau wies Vater Aristoteles will: für jedes Nasenloch!); nanu: noch
einmal, und das sah tatsächlich so reizend aus, daß ich sehr zu ihrem
Ärger fast bis Koblenz davon schwärmte. Ja, das ist der Rhein: drüben
floß langsam die Mosel aus schöneren Talgewinden herbei; ich mußte
von jeder Burgruine den Namen rausrücken, und log Stammessagen
dazu, daß mich ein Genealogist umarmt hätte (immerhin; ob es bis
Bingen reichen würde, war bei so viel unverbrauchter Aufnahmefähig-
keit und dreckigen Mauerresten ungewiß). Vom linken Rheinufer her
sah Deutschland recht ungewohnt aus (was das Kartenbild ausmacht!);
man gehörte irgendwie »zum Westen«. Es war aber doch ausgesprochen
kalt so zwischen Stromduft und Unausgeschlafenheit, und das Rasieren
eine große Plage. Wir hielten und hielten; die Weberfrauen zogen
unerschütterlich wieder die Riesennadeln und Wolle hervor und begann-
nen maschinen zu stricken, zwei links, zwei rechts, und davon würden
die Pullover dann Raupenmuster bekommen, erklärte Katrin vergnügt.

X

> Der lange gerunzelte Strom, hohl und schmutzig,
> schwang sich faul an uns entlang; überschwemmte
> Werder; trauernde Gruppen von Bäumen; saure Häuser-
> fronten wie »Lorelei«, als sei eben ein Auto davor
> weggefahren; Anleger und schwarzer Schlepper Ge-
> stank; schraffiert vom Nieselregen (auch der Güterzug
> auf der andern Rheinseite: »Wenn er 60 Wagen hat, geht
> Alles gut!« – – –: »58–?«. Sie strahlte dennoch herum:
> »Also: Kleine Schwierigkeiten.« Augenbannung, Lip-
> penhexe, Kinnzauber, Beinbeschwörung, Katrin la sor-
> cière. Ihre Finger tanzten vor Vergnügen um die Hand-
> tasche auf ihrem Schoß und schnippten mir's zu). Die
> Weinberge sahen trostlos aus, wie ihr Kartenzeichen.

»Er schob nun einen Armsessel herbei und bat den Kurfürsten, in
denselben sich zu setzen und unter keinerlei Umständen sich daraus zu
erheben und kein Wort zu sprechen – sonst sehe er seinen sicheren Tod
vor Augen. Der Kämmerier ward unter gleicher Verwarnung hinter den
Stuhl gestellt. Darauf legte der Ungar um den Becher mit den Heiden-
köpfen einen Draht und führte diesen in den Schmelzofen. Demnächst
zog er unter beständigem leisen Sprechen drei Kreise um den Kurfürsten
und führte zuletzt von dem äußersten Kreise einen geraden Strich nach

dem Schmelzofen. Die Lichter wurden in Gestalt eines Triangulums um den Teller gesetzt. Der Ungar kniete nun gerade vor dem Ofen nieder und fuhr fort leise zu beten (?). Von Zeit zu Zeit warf er aus einer neben ihm stehenden Büchse eine Species in die Flamme, worauf denn jedesmal ein gewaltiges Prasseln im Ofen entstand und die Glut aufs Äußerste zunahm. Das mochte eine Stunde gewährt haben und der Kämmerier sah, wie der vom Ofen zum Becher gehende Draht erglühte, auf dem Becher dicke Tropfen standen, inwendig aber es in den schönsten Farben blitzte und spielte, wie er es oftmals auf der Silberhütte gesehen. Allmählich gewahrte er ein Dehnen und Recken an dem Becher, der auseinander ging und an Höhe zunahm, wie auch die Heidenköpfe sichtlich zu wachsen schienen. Immer eifriger murmelte der Ungar und immer höher schwoll der Becher, bis er beinahe an die Decke mit den Rändern stieß. Da erscholl ein donnernder Knall und heraus sprangen die Heidenköpfe als Männer mit langen Mänteln und Bärten, gar schauerlich anzusehen. Sie schlossen einen Kreis um den Kurfürsten; einer der Männer fiel vor dem, der dem Kurfürsten zunächst stand, auf die Knie, zeigte auf den Kurfürsten und rief: Das ist der, der das Reich den Galliern zu überliefern begehrt! Darauf steckten die Männer die Köpfe zusammen, als gingen sie zu Rat. Zuletzt brachte der am entferntesten Stehende ein breites Schwert unter dem Mantel hervor und rief laut: Das schickt das Gesetz dem Verräter! Zugleich tat er einige Schritte vorwärts, als wollte er auf den Kurfürsten einhauen. Da rief dieser mit erstickter Stimme: Helf, helf, Michel – und sofort war Alles verschwunden ...« Sie nickte billigend; noch einmal: »und das ist alles auf dem Ehrenbreitstein passiert?!« Pfüüüt: ein Tunnel (Schön!) Noch atemlos: »Und wann ist das gewesen?«. Auf soviel Wißbegier ohne Übergang war nun wieder ich nicht vorbereitet, sagte aber fest: »am zweiten Juni Sechzehnhundertzwounddreißig.«

XI

> Ein blaunasiger Bauer hockte plump vor seiner langen
> Weintonne, (Kühe mit leeren Mienen), aus der bei
> jedem Schritt die grüne Jauche algte. Ziegelgeschmier
> der Häuser, gobigelb, und wir so tief im Dreck, daß
> selbst der ihr steinerner Nepomuk mitfühlend am Rock
> raffte. Der Bach (natürlich begradigt!) welkte beamten-
> haft durch die flache Brücke. »Na, s'iss auch grade
> wieder die schlechteste Jahreszeit,« watete die tapfere
> Stimme neben mir; aber wenn ich so die Flapsgesichter
> sah, den Misthaufenkult, und ihren ebenso sorgfältig
> geplätteten Wiesberg –. Der Himmel war grau ge-
> masert, ein triefender Bettelsack, und wir Flüchtlinge
> trugen ihn auf den Schultern bis zum Römer.

Als wir dann bei Bingen vom Rhein abbogen, wurden Gesichter flach
und lang wie die fruchtbare Öde ringsum; manchmal trieb der platte
Erdenbauch bucklige Runddörfer, geduckt, dächerwarzig, krötig: hier
also ist das Wort vom ‹platten Lande› entstanden. Zuerst wollten wir gar
nicht aussteigen, als sie in Gau-Bockenheim am Zuge entlang schrien:
ein zu einsamer Bahnhof; Nieselwetter, Niemandswetter; aber das
Komitee stand schon zum Empfang. Ein Landrat, Einer vom Wohnungsamt, ein Bürgermeister, und die schillernden Wortblasen stiegen
und platzten: »... meine Tür stets offen finden!« (das war der Landrat;
zunächst stand nur seine PKWtür offen, er ringelte sich hinein: rrr rrr
rrr, weg; hats geschafft); »... ä roin katolscher Oat; ... Alles gutt
katolsche Leut ...« das kam zwischen dem Lodenmantel und Gems-
hütchen des Ortsbullen hervor, und wir drehten einmal kurz die Augen-
winkel zueinander. Für die schwereren Koffer war der Ackerwagen
hinterm Traktor da, Dieselgepoche: ein Schiff überquert den Atlantik in
12 Tagen, wie lange brauchen 4 Schiffe: lege ab. Dann begann der
Einmarsch, 135 Köpfe, von der männlichen Jugend des Dorfes unaufgefordert geleitet. Die Straßen glitschten vor Dreck und Nässe; Häuser
lehnten sich betroffen aneinander; eine Abendglocke: dabei wars gar
nichts Beruhigendes, bloß blechernes Gehacktes und ein Trall nach dem
andern fiel hier hin und dort. (Mein Vater war zweimal in seinem Leben
in der Kirche: als er getauft wurde, und 1926 beim Platzregen). Hundekalt auch; Katrins freie Hand war weiß und blau wie Kartoffelblüten, die
andere hielt mich brav am Arm: so soll man mich malen: ein Buch in der
Hand, Katrin in der andern, und wir wollen nichts tun. Owehoweh die
Misthaufen: »Es ist zwar wohl nicht mehr mit Sicherheit zu bestimmen,

in welcher Gegend der Erde das Paradies gestanden hat, aber hier keck nicht.« »Kuck ma die Figuren an den Häusern«: jaja: in kleinen Nischen standen bunte Marien und Jesusse, Gips mit Ölfarbe: drei Mark pro Kitsch, blieben angeblich manchmal in Feuersbrünsten unversehrt, bedauerlicherweise. »Bäcker Bunn«, gelbliche Ziegel, aber ein beachtlicher Wetterhahn überm First: das erste Positivum. »Die Männer kommen bis Montag in den ‹Römer›; die Frauen in die ‹Krone›«; solche Lumpen! Na, Koffer und Aktentaschen flach hochgeschwungen (rasch die Koordinaten des Bettes einprägen; ah, Weber kam gleich drunter), und wieder zur Katrin, die tapfer und stolzäugig neben ihrem Kofferklumpen wartete. »Uns zu trennen!«, und ihr Gesicht war wie eine wilde weiße Blume über der purpurnen Tasche; der Mund zerfiel zu feuerfarbenen Flüchen, leisen. – ‹Krone›: »Eckbett, Du, ja? Am Fenster.« (da hat man nämlich wenigstens bloß auf einer Seite Nachbarn!). »Ich hol Dich gleich gleich ab« versprach sie.

XII

> Willst Du leben, so dien; willst Du frei sein, so stirb! – »Deutschland wird in der Weltgeschichte einmal den Ruhm des Steines haben, über den Menschen mehrfach gestolpert sind«, entgegnete ich finster Dem, der mir die Stärke und Schönheit der kommenden neuen Wehrmacht pries, und wir drehten uns sofort die Hintern. War scheinbar sonst ein Tanzsaal gewesen mit der üblich neckischen Staffage: Niggerjersey kratzte sein Banjo vorm Bauch; überm ekstatisch trampelnden Gaucho steppte die Lassospirale; das lange Mädchen, alle Hände voll mit den eigenen Hüften, tänzelte über Miniaturhessen: der Fluß kam ihr genau raus. Das Grubenlicht an der Decke ließ zuerst kaum die Bettklüfte und Stollengänge erkennen.

Ich ging erst nochmal runter; auch der Mond hatte sich in den Hof verfahren und suchte mürrisch im Gerümpel. Kurz vor Zwanzig Uhr kamen die meisten wieder: Einwohner 1500; nur Landwirtschaft; Industrie keine. »Doch,« sagte ein Junger boshaft: »oben, bei der Kirche: ne Malzfabrik mit zehn Mann.« »In den Weinbergen giebts ganz schlechten Lohn: zwee Mark am Tage und ‹Haustrunk› frei.« – ? – Achselzucken: »So Wasser woll, mit m Schuß Wein drinne.« »Zwei Mark!«, und es schien wieder dunkler im Saale zu werden. »Von

Rußland aus gesehen ist das Einkreisungspolitik. Abwürgen. Ganz klar!: Europa soll doch nur der Festlanddegen Amerikas sein, deswegen drücken die so. Nennt doch die Dinge beim richtchen Namen!« »Hastn Du soviel für de Russen übrich?!«. »Ich – nee!: aber für die Andern mitsammt unsrer Regierung ooch nich!«. Einer wollte schon heute, jetzt eben, der Dicken unten ‹das Kellerfenster eingestoßen› haben, man ließ ihn kaum zu Ende zeigen, ‹den Schritt geweitet›, der Beifall war fast zu groß: ihr denkt woll, weil wir bloß Flüchtlinge sind?! Weber saß bedrückt unten auf seinem Bett, als ich den Mantel überzog: »Schmiede hots schun Dreie« flüsterte er und suchte zu lächeln. »Lassen Se uns ersma essen gehen,« beruhigte ich ihn, und unten waren viele Damen. Das Gedam. Ich schritt in den Kreis der wartenden Schulkinder, welche führen sollten; die ängstliche Kleine las, kauderwelschte ein wenig, ging aber dann vor uns her: wieder der kleine Platz (ist doch wohl die city); eine breite Straße; vor einem dunklen gebogenen Gassenmund wies sie hinein: avi bnise gegole epetum (ein barbarischer Dialekt wieder!); na, auf dem Zettel stands ja auch, Beck, 224. Tappen auf bauernharten Steinschädeln; »Vorsicht ne Walze!«; der Mond hatte die alten Ackerwagen prall mit weißen Planen bespannt, Lichtballen lehnten überall, so daß wir in dem hellen Gewirr zuerst gar nicht die Hausnummer fanden. »Ist das auch Ihr Mann? Ihr richtiger Mann?«: ein mißtrauischer Frauenhaushalt, Viere, und ein kleiner Junge, Karl, Don Karlos. »Wir sind Verlobte«, sagte Katrin so stolz und bräutlich langsam, hatte die Katze Übung, daß sie ihr sofort glaubten; auch die Kartoffeln waren groß und heiß, und die fleckige Bauernsülze scharf und saftig. Wir erzählten dann lange von Treck und Elend, bis sie uns gerührt Woi brachten (sind aber wirklich gute Leute!). Dann kamen Nachrichten: Große Kundgebung in Westberlin »die an der Grenze zum Sowjetsektor stattfand«: also wie die kleinen Jungen, die sich gegenseitig übern Zaun die Zunge rausbläken. »Und jeder will die längere haben.« »Gut Nacht!«: das verfinsterte Malaiengesicht des Mondes betrachtete uns boxerhaft, überlegen, bong die letzte Runde, spöttisch, vom Untergang her.

XIII

Morgen im Kronenserail: es ist Keine Göttin außer
Katrin! Blitzende Augen fuhren aus Haarpudeln, braune Nacken, und ein Fachwerk weißer Arme erhob sich
mit lauter Seidenwölkchen darüber. Ich trat klopfherzig
an meine Deckenrundung und legte die Hände vorsichtshalber am Blechrand fest. Lächelt's unterm zer-
zausten Herrenschnitt, daß mein Herz wirbelte. Augen-
tief wie der Guamgraben, der Mund sprach obhin vom
»Guten Morgen«; (überall weibte's im Haberstroh);
eine weiße Handspange fibelte Deckenränder. Haarzeit;
Elfenbeinzeit.

Schatten liefen ihr durch die Augen, der Lippenhimmel verfinsterte; ich
ließ meine Hand los, die sofort ins Deckenwarm aufgenommen wurde.
»Du ich –« brockte der Mund, ihr Kopf rang einmal wild, die Nase
stöhnte kurz – »weißt Du, daß ich nur ein Fuß hab?!«, und sie stieß ihn
jäh unten raus: die saubere harte Prothese bis Wadenmitte. Am linken
Bein. »Beim Luftangriff.« Viel rote Schlüpfer leuchteten rundum auf,
sonnig, breite Haremsampeln. Fuß war nicht mehr da. Sie fluchte rauh
und hoffnungslos. »Aber sonst bin ich ganz in Ordnung« flüsterte ein
brüchiger Contralto. Rote Mundschlucht, von Wildwässern überlaufen,
aus der leise Windstöße flossen. Ich koppelte nun die andre Hand los,
und sie sprang ihr zum Hinterkopf durch die dunkle Haarwiese. Sie
schlug einmal schluchzend die Zähne in meinen Unterarm, dann sprach
sie stolz: »Ich kann sogar helle Kniestrümpfe tragen. Weißt Du: ganz
derbe, sportliche.« Ihre Augen sprangen wie junge Meteore einmal
durchs Saalgeworbel; sie streckte die gelbe Armgerte und befahl: »Gieb
mir die Strümpfe – da!« Die Decke bauschte sich groß und feierlich;
noch einmal. Sie kniete, öffnete vorn für mich, und stützte die Hände
auf meine Schultern, mit schimmernden Lichtern. Überall. Dann kamen
die langen dunklen Seidenbeine aus den groben Falten, ich fing sie beide,
und stellte das sachliche Mädchen neben mich zwischen Bett und
Fenster. Ein Unterrock liante und paßte. Ein Kostüm überschlüpfte. Ein
langer Mund plauderte: »Du ich hab ein schönes großes Radio.«
»Katrin:!« Schnurren und ein hörnerner Tausendfuß rannte durchs
Haargeschungel. »Die 180 Mark komm jeden Ersten mit der Post«;
dazu beschwichtigend die Handfessel um meinen Unterarm. Fünf
Minuten allein: die Sonne war sandiger, ruhiger geworden. (Wie herr-
lich schlecht würde sie mich nachher gleich behandeln, meine langsame
Stolze!) Dann schlenderte es schlank durch die hohen Gitterreihen

49

heran: »Becks werden schon warten.« Decken falten; Koffer schlichten. Da lehnt sie kariert am Bettpfosten. Lippenrausch und Brauenzwang. Aus geschlossenem Mund: »Liebste.« Aus geschlossenem Mund: »Liebster!« Dann herrisch und angstvoll: »Bestimmt Du.« – (Den Durchmesser einer Waschschüssel in Parsec ausdrücken).

XIV

> »Stell Dir vor: der Pfarrer hat mit seiner Haushälterin 5 Stuben und Küche!«. Sie lachte Feuer und Wasser: »und dann gibts da noch ein ‹Bischofszimmer›, das das ganze Jahr feierlich leer steht: der kommt nämlich einmal für ne Nacht her! Und so was lebt!!«. Wind zog den faltigen Wolkenhimmel enger-zusammen; ein Leichtmotorrad stotterte vorbei: mit durchgedrücktem Kreuz saß der hurtige Affe drauf. Aus der Kirchenmauer: ein Chor von Heuchlern sang lauter Liebe und Güte, und ihr Rebellengesicht flackerte wieder weiß aus der Mantelkohle: »Allen, wie sie da drin sitzen, das Haus überm Kopf angezündet, und dann barfuß nach Niedersachsen!: Mensch, wenn doch bloß der Russe käme!«

»Und hast Du gesehen, wie der Fußboden unter Dir nachgab?«. »Stell Dir mal vor: nach jedem Eimer Wasser eine Straße weit laufen: jetzt im Winter!« Sie schauderte ungekünstelt und bewegte die Schultern: »Das Schrecklichste ist ja das Klo, Mensch! Du gingst gar nicht rein. Und ich soll das eventuell sauber machen –?« Nee, das Loch war tatsächlich für Menschen unbewohnbar. »Und hast Du die Gesichter richtig angesehen?« sie ließ die Backen hängen, blähte den Mund, und wurde frappant dem idiotischen Geschwisterpaar ähnlich, die überm Flur hausten, Steinzeittypen. (Oh, wir hattens hintenrum rausgekriegt; über Webers, die beim Schwager vom Bürgermeister aßen!): »Siehst Du, deswegen sagt auch das Schwein vom Wohnungsamt aus Alzey vorher zu Niemandem, wo er hin kommt! Damit sie ja keine Ungelegenheiten haben; damit ja Niemand meutern oder sich beschweren kann. Damit sie morgen früh einfach den Leuten die Möbel auf die Straße stellen können, vor die Löcher: so, nun müßt ihr! – O diese frechen Säue!« Und auch ich hackte wild den Kopf: »Kommt-nicht-in-Frage!« schwor ich verbissen: »Wenn Die denken, sie können uns einfach« überfahren! – Der iss ja morgen früh auch wieder mit da – das ist doch so ein Großer, Rascher, mit m Gesicht wie ham and eggs: da kann er Einiges hören.« Die Orgel brummte begütigend aus der Kirche, kuhwarm, das alte bewährte Christentum mit Doppelsohle und mehr geistigem Rindsleder als eben nötig wäre:»Christlich-Abendländische Kultur!?« Wenns Denen nach gegangen wäre, hielten wir heute noch die Erde für ne Scheibe mit Rom oder Jerusalem in der Mitte: aus Kant und Schopenhauer hätten sie n Scheiterhaufen gemacht, dann tüchtig Goethe und Wieland druff, und mit Darwin und Nietzsche angezündet!»Nee-nee, Katrin: Christentum hat mit Kultur nischt zu tun!« (Ich stamme allerdings aus einem Geschlecht, in dem für ‹verpappt› galt, wer Weih-nachten in die Kirche ging). Sind Pfarrer gebildete Leute?»Wie kommst Du denn da drauf?« fragte ich verblüfft:»nennst Du das Bildung, wenn Einer statt Gott auch Deus, Theos und Elohim sagen kann? Denn darauf läufts ja hinaus.« (Laß nur gut sein: die Furcht des Herrn hemmt der Weisheit Anfang). Aber Katrin war von selbst schon beim Beweis der Kraft, ihre hübschen Fäuste wurden rund und fest vor Wut in den Handschuhen:»Hör doch ma: –« Wind rannte die Straße entlang, daß es staubte, und spielte Fußball mit Blättern: mein Vater hatte mich oft geohrfeigt, wenn ich die Schuhe so ramponierte! –:»Liebe, Liebe, nichts als Liebe« schleppte es breit aus der lehmfarbenen Flügeltür.»Und dieselben Schweine wollen uns dann in solche Löcher stecken?! Oh go to heaven: Worte, nichts als Worte!« Sie flog am ganzen Mantel, sie trat blind gegen meinen Fuß, sie schrie mich an:»Denken sich die Lumpen gar nichts, wenn sie sowas singen?!«

XV

> »Dichter, die sich schrecklich um neue Stoffe quälen,
> könnten ja pindarische Oden auf unsere Olympiasieger
> machen, Jesse Owens und Birger Rüd, kuck hier!«:
> Dreiundzwanzig musklige Gestalten bolzten und spran-
> gen über den struppen Rasen, köpften die schwieligen
> Wolken, Bälle stiegen mit Magnuseffekt ins Wind-
> geschrei. Ich preßte das Kinn auf den rauhen Pfahl und
> knäulte verächtlich die Finger durch meine kalten
> Taschen: öde Gesichter, rübiges Gemüt, Gedanken-
> steppe, Seelentundra.: »Die Verleihung der Literatur-
> preise in der Mainzer Akademie hat der Südwestfunk
> nicht übertragen: aber der Vater der Fußballspieler
> Walter wurde ne halbe Stunde interviewt.«

Das Publikum: Schützenkönige mit strammen Bäuchen, gemästete oder
schwangere Weiber, Kinder, die Gräser quälten und brüllten. Hassen,
hasten, rasen, rasten. Man müßte weißgott immer ne Weltkarte an der
Wand hängen haben, damit man Europa nur als das zerklüftete NW-
Kap Asiens sich einprägte; und n Fußballfoto für christlich-abendländische Kultur, wo se anschließend den Schiedsrichter totschlagen. Es gibt
eben doch Züge, die den Charakter unrettbar enthüllen und auf ewig
verdächtig machen: an Befehlen oder Gehorchen Gefallen finden; Politi-
ker sein. Andererseits gibt es Dummheiten und Irrtümer, die kompro-
mittieren, wenn man sie n i c h t einmal beging. »Und das wären?«. Na,
zum Beispiel als junger Mensch, so bis 25, Nietzsche für n Halbgott
halten; oder ‹Die Menschheit› ebensolange lieben. Sie nickte verständ-
nisvoll, und sah noch einmal mißfällig hinten zur Menge: »Na, alt
werden wir in dem Nest ooch nich!« entschied sie. Wir traten hinter die
mächtige Verladerampe: ihre Zähne brannten mir in der Kehle, Nägel
nesselten im Genick, der Wind blaffte entrüstet um die Ecke und fuhr
uns in die Mäntel. »Lastenausgleich, Katrin, ha ha? – Wo die umgehend
aufrüsten wollen?! Hab nichts dagegen, wenn Einer dafür stimmt: aber
dann sofort herunter mit ihm von seinem Laborstuhl, Handwerksstube,
Ministersessel, Pfarrsiebenschläfer und hinein in die Wehrmacht: 2 Jahre
Latrine scheuern; ‹Hinlegen›! ‹Auf, Marschmarsch› und dazu schreien
müssen: Ich bin verrückt, bis der Kleintyrann gnädig abwinkt; Gewehr-
appell mit der Stecknadel; und dem Herrn Feldwebel mit 4 Mann die
Streichhölzer einzeln auf der Tischplatte raufbringen, die Jener aus m
4. Stock schmeißt, fuffzichmal, bis die Schachtel leer ist: 1937 hab ichs
gesehen in Sprottau, meinen Kopf dafür!!: O du herrliches deutsches

Volk! Und du Schule der Mannheit, Kommiss! Aber in der Regierung sitzen ja Alles Solche, die nischt mehr mitmachen brauchen; Keiner unter 60: was brauchen wir noch Altersheime, wo wir doch die Parlamente haben! – Über solche Fragen dürfte Niemand mitstimmen, der nicht davon betroffen wird« (Anderes Thema; mir stieg die Galle zu sehr). »Hörst Du, wie sie blöken? Bis hierher? Und nachher gehn sie in die Kirche« (Modernes Gebetbuch: »In Flugzeugnöten zu singen«; »Gebet mit m besoffenen Chauffeur«; »Herr, laß die U-Bahn mich erreichen«. Ich kann nischt für meine Natur: bei so was fangen gewisse Organe in mir an zu zucken, und ich erzählte ihr gleich von »The Book Of Mormon«, welches im Jahre 420 schon wußte, daß John Smith aus Vermont es am 22.9.1823 auffinden würde.): »Es ist nichts so absurd, daß Gläubige es nicht glaubten. Oder Beamte täten.« »Nur zu wahr, was die Beamten anbelangt,« sagte sie weise und bitter, und wir gingen noch ein paar graue Werst in Richtung Sprendlingen. (Weitere Unterhaltungsthemen waren: »Liebst Du mich?!«; »Hast Du Freunde?«; »Ist die Weltgeschichte Zufall oder bloßer Unsinn?«; »Kannst Du Schachspielen?« – und ich erzählte ihr entrüstet, wie ich damals den schlesischen Provinzmeister umgelegt hatte, mit b2–b4: Jawoll!).

XVI

> da kamen wir an einen breiten Weg, der vorn zu einem Dorfe führte; Himmel fing an, sich düster zu umziehen und regnete; Zwei, die immer über unsre Köpfe hinflogen, wollten also das Geleit sein : der enge Friedhof mit unordentlich gelegter Steinmauer eingefaßt; Kirche mit kurzem spitzen Schindelturm; in der dicken Wand jeder Seite nur ein einziges Fensterchen; die Tür wie halb in die Erde versunken; hohe Grabhügel dicht aneinander gedrängt und mit Nesseln bewachsen (Menschenmiete). Der Horizont war schon verdunkelt, der Himmel schien in der trüben Dämmerung allenthalben dicht aufzuliegen.

Hinter uns die Urlaute balltretender Menschheit; links dürrleibige Maismumien, Röcheln, trocken, unerfreulich; und vorn sank das blutründige Sonnenunheil durch gußeiserne Wolkenwände. Hadern: »Bratenesser, in den Sonntagsanzug verkleidet. Stramme parfümierte Huldinnen.« Aber Katrin erläuterte mitleidig: »Die Armen würden doch sonst nach Stall riechen. Tatsache.« Und der schmale feste Unterarm bog mich hin zum kleinen Stellwerk: zweistöckig, ordentliche Ziegel, Sechs mal Acht, flaches Dach, starke Blechtüren, dunkelgrüne. Wir umzögerten's von allen Seiten, planlos und gedankenvoll. »Unten wär Küche und ein Abstellraum. Großer.« »Oben großes Wohnzimmer mit ner Bettnische«. Tiefer atmen, schwerer nicken. (Wenn man bloß was anderes als Stammespossenreißer wäre; Hordenclown, dem der Chefpithekanthropus manchmal gnädig n Eckchen Mammutlende vor die Brust schlenkert.) Dämmerung schlich mit schweren Körben über die Felder; ich faßte wieder in Katrin, auch frecher, und sie zuckte kaum. »Keine Gardinen vor die vielen Fenster, oben. Ein ganz großer Saal, Du!«. »Ja.« sprach sie zwischen den Zähnen, und zog halb die Augen zu: vor Haß gegen das Drecknest. »Nachher vielleicht noch mal ansehen.« Der Steg schwankte grau über den Bach, (platte Wolkenlarven trafen sich da über jenem Wiesberg), Wind schwang die Grasrassel, regsam, ohne Leben. »Siehst Du sonst einen Baum?« und sie wies angewidert zur Binger Chaussee. »Aber der nimmt doch vom ‹guden Boden› weg«, empörte ich ironisch, »daselbst können doch Runkeln wachsen!« und schnitt Bedenken gleich ab: »Soll doch Jeder zwei Kinder weniger haben! Da wird sogleich Raum für Gehölze, und der Hunger hört auch auf! Kein Krieg, kein Elend mehr! Meine Stimme kriegt die Partei, die gegen Wiederbewaffnung und für Geburtenbeschränkung ist!«. »Also keine?«. »Also keine.« Der Weg endete sinnlos vor einem Feld plump verletzten Bodens: geschundene Erde, abgezogen die Pflanzenhaut, zerschnitten, argwöhnisch mit dornigem Draht umspannt. Voller Ekel also zurück: »Nich mal soviel Verstand haben diese Bullen, daß sie ihr ‹Eigen› mit menschlichen Hecken abgrenzen!« Wir preßten die verwilderten Gesichter aneinander. Der Hades begann träge zu dampfen; Dunst bezog eisig die erblassenden Pfade; Katrin darf sich den Stumpf nicht erkälten. Ein breiter Silberhauer schwoll aus welkem Wolkenmaul: mampfte greisig wieder zu.

XVII

> der beinerne Mond gaffte aus seinem Hexenring; blei-
> che Wische hasteten quer hindurch; Wind schlich vom
> Fliederbusch und tastete mir schlaff und frech durch alle
> Taschen, kalter pickpocket und flink homosex: wenn
> man mit dem Knüttel auf den himmlischen Bovisten
> schlüge, und ich erhob ihn, platzte die gelbe Leder-
> knolle und die schwarze grüne Stickwolke wuppte
> draus: also hat

Zwischen Kruzifix und Kriegerdenkmal (noch für Marslatuhr, eines
von den kleinen, aufgeregten, wo Viktoria n Doppelnelson am alten
Kaiser Wilhelm anbringt); so viel Flüche und artigste Ketzereien hatte
Rabbi Jeschua wohl lange nicht mehr gehört. »Mensch: so! N Tisch
rein –: Schluß!« zeigte Wachlinger mit Händen die Kleinheit der Stuben
am Schweinemarkt: »Wenn die Sonne rein scheint, muß ich raus! – Wenn
de lachst, stößte mitn Backen an.« Aber aus allen Grüppchen murmelten
Flüche: »Bloß Dachkammern und Schuppen haben die Schweine schnell
leergemacht.« »In der Schlafstube kannste überm Fenster die Hand
durchschieben ins Freie.« »Sie jing jar nich räin in das Ding.« sagte
Borck zu meinen 1.85, »dos sind Schränke aber käine Schtuben; ich zieh
nich hin, und wenn ich morjen bis zum Minister nach Mäinz fahren
soll.« Der Hirnverletzte (aber auch schon wieder des vin tendre voll)
erzählte laut und traurig: »Vorne, wo meine Werkstatt war, konnt ich
direkt ins Tal runter kucken, zur Oppa; oben schliefen die Kinder und
die Großmutter . . .«, hier wandte Einer etwas ein, aber er schüttelte
bestimmt die grüne Schirmmütze: »Zwölf Morgen warns, eher mehr,
und gutter Boden.« Aha. »Und mit n Tschechen konnt ma ooch
auskommen: brauchst bloß nie immer de große Fresse haben –«. Ich zog
Katrin sacht heraus. »Aus Troppau ist er; vom Sudetengau,« erläuterte
ich überdrüssig, »komm; wir gehen nochmal rundum.« Schulstraße
hoch. Unterm Malzturm glühte und brüllte das flache Tonnengewölbe,
es war direkt warm an die Beine. Ich sah zur Seite ins starre flammige
Gesicht, und holte sie langsam in die dunklere Straße: »Wir ziehen auf
jeden Fall zusammen. Du! Als Verlobte das geht doch!« »Katrin!« Sie
drängte mich fest in die Toreinfahrt und atmete mit den Zähnen.
»Katrin.« Sie zerriß mich mit Fingern und bohrte die Stirne in meine
Brust: »Katrinkatrinkatrin«. »Du das wird was.« sagte sie mir gebrochen in den Mund, und schmeckte überall fest und kalt, und schob das
Kinn an meins, daß wir schwankten. Vor der Krone: »Du, aber heiraten

entfällt vollkommen«, warnte sie mit klugem Blick über mein Gesicht:
»denk ma: 180 Mark Rente, das wäre ja Wahnsinn.« Stand in der Tür
unter der rotbedruckten Milchsphäre. Schnickte einmal jung und sou-
verän mit dem Kopf: »Bis morgen. Du!«, und freute sich, und zitterte
sportlich. Oben am Saalfenster hörte ich sie drohend zur Bettnachbarin
Marga sagen: »Die sollen mir und meinem Verlobten ma Schwierig-
keiten machen!« Das Gespräch schien leiser und angeregter zu werden.

XVIII

> »Ein Amerikaner hat ausgerechnet, daß jede Sekunde
> 800 Umarmungen enden«. »Muß ja schlimmer sein,
> wie bei'm MG!«, rief er entzückt: »hat er ooch noch die
> Energie? Was sich Alles so damit betreiben ließe?«.
> »Surement« sagte ich heiter: »Die ‹Queen Mary› pau-
> senlos übern Atlantik fahren. Die vereinte Kraft gegen
> die Richtung der Erdrotation eingesetzt, würde im Lauf
> eines Jahres den Tag um 6 Sekunden verlängern.« »Also
> denn immer mit'm Kopp nach Westen,« abstrahierte er
> sich gewissenhaft die neue Lebensregel, »umgekehrt
> wie die Mohammedaner.« – und durch solche ethno-
> graphischen Anspielungen kamen wir aus der gaya
> scienza allmählich wieder in würdigere, bärtigere
> Bereiche.

Aber der Schnaps war schön, giftig, hellhörig, stark. Das Licht wurde
noch schmieriger, und die Abwässer der Worte sickerten ihnen pausenlos aus den Mundsielen; ich besuchte unauffällig jede Gruppe im Saal; es
war weit hinter 22 Uhr; alle Knaben taten, als schliefen sie. Politik (das
war wieder der Kleine mit dem kleinen Kopf): »Einigung Europas?
Aber von Westen her heute nich mehr! Sieh Dir ma die Kleinstaaten hier
an und dann Rußland!« Ich nickte ihm bitter zu und schwebte weiter;
Stühle waren nur dreie da: standen wir eben! Hier fehlt Keinem etwas,
was dem Andern nicht gleichfalls mangelte: so sind wir alle Flüchtlinge!
(Ich kann das lange: auf dem Fußboden schlafen und mit der Kammer-
tür zudecken!). Der Wind knitterte im Taft der Nacht; ‹Wein trinken
macht fröhlich› stand umblümt über den Betten; zwei Angeheiterte
bogen sich lachend voreinander, der Dritte kam und wurde vorgestellt:
»Herr Schönert – trägt rechts.« »Angenehm.« sagte feierlich der geile
Alte: »Steckimrinski.« Karbonade und Scharte auswetzen. (Ob Karbonade von Karbon kommt? Dann gibt s auch Devonade und Permesan-

käse). Rechts las man Nationales vor und sah mich prachtvoll stahl-
gewittrig an: ei, so laßt uns denn kollektiv denken, und »Nich wahr:
doll«, sagte ich hinterhältig warm: hei, wie sie auflebten und s mit
beteuerten. Einer brachte sogar den großen Hans Dominik raus, und sie
hoben und senkten eine Zeit lang bestätigend die breiten gelblichen
Stirnen, uns ist ganz kannibalisch wohl, I was condescending with all my
might (aber das ist nicht allzuviel; hab wenig Geduld mit solchen
Feuerwehrleuten. Schon der schönste Gegenstand kann durch das Lob
eines Narren unleidlich werden, von Volksausgaben ganz zu schweigen).
Noch mal im Hof; auch dieses Klo war schon fast unbrauchbar, ist ja auch
gar kein Wunder: ein Ding für 65 Mann – das andere haben die Lumpen
zugeschlossen. Von da erst mal vor die Tür nach frischer Luft: drüben
das Pfarrhaus mit dem Bischofszimmer, und es fällt kein Blitz. Land-
schaft?: Nichts; also die Luftschaft (Oberwelt): Silberboje, schräg ver-
ankert im Wolkenstrom; Wind wollte etwas in der Ursprache berichten,
zischelte aber diesmal zu hastig, und wir gingen auseinander. Unter
meinem Bett saß Weber sehr allein im Trüben; er hob den Kopf und
nickte mir eins: »Ich k a n n da nich reinziehen,« sagte er erschöpft: »ich
hab sie heute Abend gesehen; s war ganz dunkel im Hause, erst gings die
Treppe hoch, dann noch eene: dann n o c h eene – und finster warn die
Stuben, alle mit schrägen Wänden, und zwee sinds ooch bloss« er
schüttelte sich ratlos: »N Wasserhahn hats drinnen und a Becken; aber
mir sein doch extra umgesiedelt, weil das Mädel doch amall anne eigne
Stube haben muß; die Marga wird Fümundzwanzich, das muß doch
amall sein!« Er plättete die Decken immer mit der hornigen Hand: »ich
muß s n morgen sagen: ich kann da nich rein.« Noch einmal schüttete er
den Mund aus: »Gleich gegenüber, wo Sie gegessen ham: mit m
Schandarm ham se die Dachkammern freimachen müssen, er hot Alles
zerhacken wolln.« Hess hieß der Edle. (Der Schmied mußte aber
wirklich n Herzfehler haben, denn er bebte am ganzen dicken Körper):
»Ich schlaf die Nacht nie« und wickelte sich ein (und oben in Niedersachsen hatte er sogar Arbeit gehabt!). Der kleine Schneider, der wie
Heinz Rühmann aussah, drehte schlafe Hände aus den Decken; hinten
sauten sie noch immer, endlos, der deutsche Mensch: sollen sich bloß
nich dicke tun, die alten Germanen haben genauso Giftpfeile verwendet
wie alle anderen Hottentotten!

XIX

»Cha, wenn die vielen schrägen Wände nicht wären –«
(bis Hess wieder kochte und bauchig treppabte); dann
flüsterten wir hastig umher: »Du, die sind gar nich ma
so klein: – Bodenfläche – na: Fünf fünfzig mal Vier«.
»Die Küche kommt nebenan hin.« »Und fließend Wasser.« »Ganz für uns hier oben«. »Und bloß elf Mark
Miete; allerdings Dachluken und keine Aussicht.« –
»Kannst Du denn mit Deinem Fuß die ewigen Treppen
steigen?« Wetterwolkte's Gesicht. »Ich kann«. Kurz-
gegroll aus Bitterbösem. »Wir können auch bloß ein
Bett aufstellen –« bat ich gleich ab. »De-stobesser!«
knurrte die Unversöhnte fest, ich mußte gleich gehen,
und bei Becks den kleinen Plattenwagen pumpen.

Und der Herr aus Alzey hatte ganz schöne Ohren gemacht, als ich ihm
in klangvoll fließendem Hochdeutsch, und ich rollte gemeinnützig die
Augen, meinen Standpunkt umriß (und hinter mir standen schon die
Anderen!): »So ein' Transport hab ich noch nich erlebt.«: »Dann wirds ja
mal Zeit!« Weber allerdings flüsterte nur unter dem Gewicht der
Obrigkeit, die Gewalt über ihn hat, der gottgesetzten. Ich wills kurz
machen: er sah sofort, daß, wenn er mich Rädelsmaul beseitigte, und ich
war stark genug – »Ach, das iss Ihre Verlobte?!« – und ging triumphie-
rend mit uns zu Hess. Jetzt fing der an: unverheiratet; anständiges Haus
(war auch neu abgeputzt!). »Nich ärgern,« sagte mir Katrin unerschütterlich, »das sind doch gar keine Menschen. Sind doch Bauern.«
Sie zog aus dem hübschen Bündel einen veilchenfarbenen Fünfzigmark-
schein, und zahlte holdlächelnd ein Vierteljahr voraus, vergällte ihm
allerdings den Besitz durch die unschuldige Frage: »Ratten hats keine,
oder?«. »Und die Quittung geben Sie nachher, ja?« Das Klo zwar im
Hof, aber mit Wasserspülung, also eine Sehenswürdigkeit des Ortes. Ich
sah mich verbissen um: ehrbar geweißte Gemüter, Gehirn wie gehabt,
für Erdarbeiten hervorragend geeignet. »Muß auch sein«, beschwichtigte sie mich, aber ich lachte nur kurz: »'türlich,« gab ich zu, »aber in
‹Arbeiter der Stirn und Faust› ist das ‹und› ne Frechheit. – Glücklicher-
weise ist die Geringschätzung vollkommen gegenseitig. Laß man«.
Dann holte ich mit Josef (dem Sohn) unsere Möbel; und der Tag verging
mit Kisten zerreißen, Möbel hochstemmen, Haut schlitzen, Frieren,
Nageln; als es finster wurde, hatten wir erst die Bretter im Bett; ich
schickte Katrin aus dem Wirr noch einmal in die Krone: »für diese
Nacht.« Wilder und schwerer Abschied. + 1° und bedeckt. Ich ragte

58

einsam und steif im Gekist; die Skelette der Sternbilder renkten am Himmel, oh wir komischen Präparate: ob Gott tatsächlich (wie er's ja schriftlich gab) Ähnlichkeit mit dem alten Hess unten hat? Eher Ja wie Nee! Schaudern, Niesen, Niesen, na: l'empereur ne soit autre maladie que la mort. Sitzen, Aufstehen, Sitzen, Liegen, Aufstehn. Kameradschaft, Kameradschaft: ich halte nichts von der Gruppe der Mittelgefühle! Gegen Un- oder wenig Bekannte höflich gleichgültig; ansonsten Liebe oder Haß (Skoteinos). Ich tastete über Würfelkanten: war doch auch sechs Jahre Frontsoldat gewesen, Kriegsgefangner dazu, (für mein bissel Zeug ist die Bude ohnehin zu groß), aber ich hatte nur immer Widerwillen, höchstens Duldung. Licht gor um Drei, trübe Graugelbe, aus Wolken; von meiner Weltraumluke beschrak ich die gefrorenen Dächer, im hohen abwehrenden Mantelkragen, wie die ganz da draußen, arielumbriel, planetenkalt, ich, weißgliedrig, seidenhaarig: nee, ich hab kein' Zweck. Hinhauen. – Katrin trat ans Bett, ich stand auf, wie ich lag, die Hände in den Taschen, sie sah erschrocken anbetend mitleidig hoch: dann legte sie mir die Hand auf die Brust und stellte mein Herz wieder an. (War noch ganz früh; Apfelsinenschnittchen des Mondes auf Hellrotem).

XX

> »Siehst Du«, sagte Katrin triumphierend und zog mehrmals die Schübe auf und zu, »der mittelste ist für Bestecks.« Die geräumige Platte war mit marmoriertem Hartlinoleum bezogen; Holz hellgelb und fatal glänzend; die Rückwand tönendes Sperrholz, das genügt vollkommen! Neusilberne Schlüssel knackten gelenkig die Türen: innen war das Querbrett ein Stück schmäler, und ich sah Katrin fragend an: ? . »Das iss prima«, freute sie sich, »da kommen vorn hohe Gegenstände rein, Flaschen und so.« Wir nickten sachlich in die flüglige Öffnung, probierten mit der Hand noch mehrfach die gerundeten Kanten, und dann schoben wir dies Unterteil eines Küchenschrankes an die Wand, neben die Tür zum Wohnzimmer.

Überbrückungshilfe beim Bürgermeister abholen: 20 Mark für Männer, 10 für Frauen; und Katrin war empört: immer noch die alte Überheblichkeit! Sie murmelte unglaublich, und ich machte galant den Übergang zum Thema ‹Hat das Weib eine Seele?› (natürlich nicht; aber dafür andere auch sehr aparte devices). »Ja; und der Mann ist nur ein wandelnder Duweißtschonwas!«, und kam trotzig nicht mehr, erst spät, und war lange aufsässig, dann bekam ich aber doch einen reuigen Klaps:»Nu los: abgeholt wirds trotzdem!« Ein speckiger Bürgermeister, ein dünner regierender Schreiber (son Verhältnis kannte ich; war beim Militär auch meine Zeit I a gewesen). ‹Zu Haus› fand ich sie dünn über ein unscheinbares Pelzchen gekauert:»Denkmal: es hat keinen Namen! – Wo gibts denn so was?« klagte sie großäugig. Vertrauensvollst:»Schnell Du: wie heißt sie.« Ich schob kritisch den Mund vor, und nickte lichtenbergisch, wie's unter Katrinke's Kraulehand sprudelte, bescheiden und schwärzlich getigert. »Das Kätzchen GURNEMANZ.« (Der vordere Teil des Namens schnurrt; der hintere trägt's Schwänzchen hoch genug). Sie nickte erlöst und ehrfürchtig: gut, der Mann! Dann knitterte sie doch wieder mißtrauisch die Stirn:»Den Namen hab ich aber doch schon wo gehört –?«. »Also bittä.« sagte ich gekränkt:»wenn er Dir nicht gefällt, können wir ihn ja auch Prschemislottokar rufen, wie beim Fürsten Lobkowitz«, und sie rüttelte mich begeistert mit den Augen. Komm hoch und komm.»Hast Du die Anmeldung schon ausgefüllt?« und der Kugelschreiber druckte;»Haushaltstarif beantragen«, und der Kugelschreiber.»Eine Mark Wassergeld im Monat will er haben.« »Geht.« Dann kam der halbe Küchenschrank. Und ein einfältiger aber fester Tisch.»Komm her, Katrin!« Wir verstrickten uns zur Erholung (vom Einräumen) in Augen, Mund und Arme:»Du!«. »Du.« »– Ach, Du –« An die Wand dann: ‹Otto Kühl: Haideweg›.»Prima, Du!« »Je länger mans ansieht.« Es war nur eine einfache Kiste, und ich hatte Querbrettel eingepaßt: das Bücherregal: achtzig Stück. (»Nach m nächsten Krieg sinds nur noch zehn.«). Neben den Schreibtisch. »Katri–in.« Arm um die Schultern:»Unser Haus hat eine Seele bekommen« (= Bücher. Cicero.). Sie neigte sich und fingerte und las: Cooper, Wieland, Jean Paul: Moritzcervantestieckundsoweiter. Schopenhauerlogarithmentafeln. »Wie das?«

XXI

> Ein sehr kleiner, schwarzer Eisenherd, ein Knautsch
> Sanellapapier, eine bedruckte Tüte, ein Hafermehlkar-
> ton, eine Faust voll Späne, anderthalb stumpfe Briketts,
> sechs glitzernde Kohlen, eine dreckige Hand vorsichtig
> am Streichholz, der grüne Wassertopf augenentlang,
> dabei schwebt eine Hand die Schulter, zwei Schuhe hin
> und her, eine Hand katzt im Haar, die Flamme klimmt
> ins Pergament, ein Span knackt und wird fett und gelb,
> ein Messerkasten rasselt erst unsentimental, dann rauht
> die Mädchenstimme dazu: »Mensch bin ich froh!«

(Wie gut, daß wir kein Organ haben, um die Luftströmungen zu erkennen: was meinen Sie, wie sich aus Ihrem geheizten Ofen die Wirbel und Säulen drehen würden, breite gläserne Schlangenleiber, mannshohe Protuberanzen, Cellophanräder: man hätte das Chaos im Winterzimmer! Und wieder einen Grund mehr, sich zu entsetzen.). Kohlenscheine empfangen: 3 Zentner Briketts, 3 Zentner Kohle; in Praxi gabs natürlich erstmal nur je einen:»Was denkst Du, wie dunkel das im Schuppen schon war; und wenn er die Körbe nur voll Nacht gehabt und reingeschüttet hat, hätt ichs auch nich sehen können, also diese Frauen! – fang Du lieber Dein Tagebuch an!« Sie kam und überlegte (vorhin hatte Sie s vor Glück versprochen):»Was kommt da Alles rein?«.»Erst mal s Wetter«, belehrte ich,»Temperatur, Barometer, Wind; Bewölkung, Niederschläge, Himmelserscheinungen«.»O Du seelenloses Automat!« empörte sie sich; zuckte wütend, dann katzenhaft weich:»Etwa außerdem noch was – –?«.»Nu: besondere Vorkommnisse«, sagte ich überlegen; prononciert:»Und bei einer wahrhaft Liebenden wird ja Alles dazu!«; wieder ruhiger:»zum Beispiel ‹Katrin war heut gutartig.›« »Oder ‹Er rasierte sich freiwillig›«, schlug die Gelehrige vor, aber ich blieb unerschütterlich: n Mönch, n Weib und n Offizier können Keinen beleidigen; dann fiel mir noch ein:»Und wenn wir uns gezankt haben – (»Oft, Du!« versprach sie begeistert) – dann schreiben wir uns Post: kleine Zettel. Und da steht drauf.....«›Essen's fertich‹«, sagte sie hochpatzig und schloß abweisend die Augen,»oder ‹Bittest Du sofort ab?!›. Oder ‹Ich geh jetzt schlafen.›«.»Und wünsche zweimal gestört zu sein« ergänzte ich trocken. Sie holte tiefbefriedigt Luft, sah zu, wie ich oben den Bettvorhang beringte und anbrachte, und begann dann die Essenberatung (an sich hatten uns Becks nochmal eingeladen, aber sie hatte s abgelehnt: Kochen soll lustig für uns sein, und der eine Tag

machts nicht!); also: »Was gibt s ?«. Nu, es war ja wohl anerkennens-
wert, und sie kramte hochkritisch in weißen Tütchen und gelben
Würfeln: »Frag doch mal …«, murmelte sie tiefsinnig, ging und überlegte, und ich stand da gespannt und wartete, frag doch mal, wild, was
nun kommen würde: und es kam nichts, gar nichts: las ein Rezept, und
sah mich süß und abwesend an: Keine ist was nutz! (Und nachher liefs
doch auf Pellkartoffeln und Leberwurst hinaus). »Hast Du meine Nagel-
schere gesehen?«: das beim zweiten Tag Einräumen, wo doch selbst
Gegenstände bis Stuhlgröße verschwinden können! Da schloß ich energisch die Tür (was aber auch sinnlos war, denn die Glasscheibe drin
fehlte, und Katrin stand auch schon dran, mit grünen Taubenaugen, und
maute um einen Kuß). Abwaschen: »Kannst Du mir abtrocknen helfen?« (das heißt auf Frauendeutsch ‹abtrocknen›!). »Bloß die Bestecke
u n d das Allerwichtigste –«; ich wußte zwar, es war falsch, und das
würde nun regelmäßiger als nötig geschehen, aber. »Trags wenigstens
ins Tagebuch ein.« forderte ich finster. Wir klimperten also mächtig in
der endlosen silbrig verschwollenen Dämmerung, und räumten Alles
schön auf.

XXII

> schicken schräg gesteppten Morgenrock, weißgrüner
> Grund mit fahlroten Blumen; den Wecker wollte sie
> durchaus aufs Bücherregal dekorieren. »Hier um keinen
> Preis die Uhr drin, Katrin: uns die Zeit zuteilen, wie
> lange wir dies und das tun dürfen !« »Oder Jenes«
> ergänzte sie fürwitzig und sah mich überflüssigerweise
> auch noch an; dann verordnete sie sich würdig: »Und
> jetzt erröte gefälligst ein bißchen, Trine.« »Du?« fragte
> ich, noch immer aufgebracht, »und jetzt schon?«. Und:
> »Ist vielleicht Gott errötet, als er diese Welt geschaffen
> hatte ? ! «. »Na dann –« bestätigte sie gleichmütig, und
> hatte nichts drunter, und schmeckte elastisch und sau-
> ber und hatte überall festes Haar, und wir schlugen
> übereinander zusammen.

Under the greenwood tree: who loves to lie with me? / Ist gar keine
Frage, was, Katrin? / And turn his merry note unto the sweet birds
throat. / Und wie sie notfalls pfeifen kann! – Sie machte unten viel
Bodengymnastik, nur in Nylons, winkte mit Beinen und kleinköpfigen
Hanteln, bog sich weißrindig und ließ entzückend Haare trauern, Blatt-
hände taumeln. (Ist das Bett hoch!: ich komm mir vor, wie der Alte vom

Berge!) / Come hither, come hither, come hither / »Komm, Birke, komm!« und ähnliche Diakopen. Sie kam vorsichtig und ließ sich mehrfach die Bauchmuskulatur küssen, rannte aber sogleich wieder im Kreise fort: »to say nothing of you: ich trau mir nicht über den Weg!« (Also weiter: As you like it:) / Here shall he see no enemy but winter and rough weather / : »Und dagegen kaufen wir Kohle und ganz viel Holz!« Ein Kamm harfte ihr Haar, bis es kurz wie eine Kappe saß. Noch einmal fing ihr Gesicht an, auf mir herum zu klettern, Zähne häkelten und griffen, Haifischerbin, mir in die Schulter, Braunhaarwiese, mir unters Kinn. Dann wuschen wir uns in der Küche, aus zwei schimmernden Aluminiumwännchen, gegenseitig, der alte Hess fingerte unten das neue Lied vom Gesangverein aufm Klavier, starrer Himmel heißes Wasser, »hast Du eine Rückenfläche, Junge!«, wir gliederten im dunkelgrauen Teichlicht wie große glatte Silberfische, »Du machst ein Konsolchen in die Bettecke −«, die Puderbüchse staubte weiß und sorgfältig hinein, »da tu ich dann mein Nähzeug drauf −«, zwei Hände klopften und strichen sich an Hüften sauber,: »und Du liest den ganzen Abend vor!«, wir bezogen uns langsam mit den Kleidern, selig: »Mir hat noch Niemand vorgelesen; und ich mochts immer so gern. Von Dir.« Wir stellten noch rasch die Weymouthskieferchen aufs Fensterbrett, die ich mitgebracht hatte. »Nächsten Frühling pflanz ich ne Birke und ne Kastanie« sagte Katrin tiefsinnig, »kuck ma: unten im Hof.« Und wir sahen zu Becks hinunter, wie da in der zähen Dämmerung Beide am Waschfaß standen, Martha und Pauline, in einer Hand die Zeitung, die andere pumpte mäßig am Handschwengel. »In Wöllstein iss ne Wäscherei da geben wir unsre hin«; löste sich abwesend von meiner Seite und ging in die Küche.

XXIII

> Die Schreibmaschine trippelte unter ihren dünnen Fingern, wie in Stöckelschuhen, immer um mein Ohr: »Ich schreib an Frenzelheidelberg mit; gleich nach vier Dutzend; Postfach fünf-zwon-dreißig.« Ich nahm ihr mit beiden Händen das listige bleiche Gesicht von den Schultern und verschlang es. Die Ratte rannte einmal im Giebel; ihre Hände zerpflückten mein Haar; dann sank sie wieder zu ihrem Schemel. Aus dem erdigen Himmel hingen Rauchseile auf alle Schlote, kalt und still. Frost war hinter den nackten Scheiben in der Luft, hoch über der Dächerwüste, und ich zog gedankenlos den Schal enger.

Erst blies sie drüben noch ein bißchen auf der Mundharmonika (mochte in ihrer Couch hocken) fein und schwirrend: die kleine Stadt will schlafen gehn / Wenn die Abendglocke läutet / Ol'Man River; und blies es so, daß man hörte, wie froh wir jetzt waren. Dann kam sie schmalbeinig, setzte die Schreibmaschine auf einen Stuhl und sich auf den Schemel davor: »Postkarten schreiben. Verwandten neue Adresse melden.« Murmeln und Trippeltrapp. Einmal holte sie ihren Volksbrockhaus, 1941, den Einbaum unter den Lexika, und blätterte mürrisch und fremdwortsüchtig; erst als ich ihr nachwies, was das für ein Mist sei, wurde sie wieder froher (Nur ein sparsamster Band Platz! Und dann solche Dinger drin, wie »Bau: Tätigkeit des Bauens«; oder hier »bißchen: ein wenig«; »keusch«; oder die Abbildung einer Axt: das muß man sich mal vorstellen!). Trippeltrapp: »Stell ma's Radio ein –«; und ich tat es nicht: »ich werde meine Ohren nicht jeder beliebigen Sendung preisgeben«, antwortete ich entschlossen. »Schreib Deiner Schwester auch wegen'm großen Webster«; denn ich hatte lange und unwillig nach der Bedeutung von »tent-stitch« gesucht; auch im Cassels wars nicht drin. Trippeltrapp: ihre Augen tanzten im Zehnfingersystem um mein Gesicht: »Weißt Du schon, was wir heut Abend lesen?!«. »Englisch odern Wieland oder die Unsichtbare Loge oder die Littlepage Manuscripts«. »Du, ich üb jetzt jeden Tak, – Und dann kannst Du mir alles ansagen« schloß sie tief und stürmisch; die Ratte steppte im Gebälk (jetzt fiel mir ein, wie ich die Kakteenbrettchen in die schrägen Dachfenster schieben konnte); »Alles: Du?!«. Aus grauesten Krügen rann Dämmerung über den tönernen Rundling; die Glocke verschlenkerte ihr Blechgebell wahllos; an jeden Rennenden; vor Weihnachten war nicht mehr an Mond zu denken; ich erlaubte mir vor Glück zu zittern. Sie drehte die fertige

Postkarte heraus, holte aus dem alten Kästchen Berliner Blaue, leckte und klebte, Handwurzel drauf. Sprang in den topper und kommandierte:»Komm zur Post. Wir täpsen noch n Stück«.»Und im Frühjahr kaufen wir uns n Tandem!«. (Unten wurde Gurnemanz, Gurr, Gurr, Gurrnemanz bedeutend gekurbelt.)

XXIV

DAS ROTE AUTO. Mit den glatten Scheiben, den hellen Klinken, langgesteppten Polstern, aufschwillt das Kofferfach, cul de Mercedes, wie wogt das Lacklicht übers Radgewölbe. Es wiegt sich knurrend heran, schneller als der normale Wind, und preßt mit den starken Reifen die Erde; seine Stimme ist wie der Schrei des Kasuars; vor der dicken gerippten Brust Querblitz der Stoßstange. DAS ROTE AUTO. Aus kraken Knopfaugen, fauchender Blechmandrill, schiele Katrin nicht so geil durch den Rock, begehre federnd nicht mich in deine brunstweiche Blase. Johlendes Kunsttier, du tötest den Abend, dein bläulicher Giftfortz durchschleicht alle Gassen, Zahlen am affglatten Leuchtsteiß dein Name, ein öder Vertreter die meckrige Seele. DAS ROTE AUTO.

Der hohe Wolkenbug drang wie ein Rotbrecher in die Sonnenbrandung vor; Wind schmolz kalt über meine Hand, unser Haar flatterte. Am Bahnhof beneideten wir's den Beamten: die festen schön geränderten Formulare; die klare feuerfarbene Mütze (als künstlicher Horizont); das gelbwinklige Lampenlicht im Warteraum, das er einstellen konnte, wenn er wollte: rechtwinklige Welt, eingerahmt, weingerahmt. Eine Viermotorige kroch rummend mainzwärts; schwerer kam mir Katrin ins Geärm: wir waren ja zusammen, mein Bett ist Dein Bett. Langsam promenierten wieder die Erinnerungen, Jüngling und Mädchen in Schlesien, Erinnerungen: Grüne; Graue; Schwarze; Rote.»Wo komm ich hin?«.»Rote«. Wind flog ein paarmal vorbei; der Gilbmond lehnte lang durchs Fenster der Wolkenruine. Aus zuen Läden immer derselbe Rheinsender mit seiner Musikkonserve. Vorm Aichhäuschen die Handglocke des Ausrufers, und wir horchten ernst und verblüfft, wie er durch den Fahrradrahmen erdwärts kaute:»... ; ... : ... häzlich einklade.« o meine Sprachgenossen! Der Schriftsteller: wenn dann das arme Luder, Franktireur des Geistes, tot ist, hundert Jahre später, möchten sie ihn am liebsten mit Germanistennägeln wieder aus dem Boden scharren. Und

65

beanspruchen ihn dann noch frech als »Deutschen Dichter«, als volks-
eigenen: der würde Euch ganz schön anspucken, meine verehrten
Sprachgenossen! Die starre Silbermachete des Mondes schnitt durchs
Wolkendschungel; die Sterne beschrieben ihre wahnsinnigen Kreise.
Und das große Auto duckte am steinernen Rain, noch lauen Geifer
vorm Kühler: »Möchtest Du eins haben?« fragte Katrin, dezent hinein-
spähend. »Hör mal: eh ich Dir eins kaufe!« (ich suchte empört nach dem
größten Vergleich): »eher wähl ich CDU! Du«. »... mir eins kaufen –«,
murmelte sie nach, schnurrend glücklich, ehefraulich versonnen. Und
der Eigner kam sehr breit, in nackter Lederjacke knickerbockigen
Ganges, finster sicher geschäftlich wunderbar, fehlt bloß n Scheitelauge;
eh er sich reinstemmte, forschte er auf zum Himmelszelt, Herr Heinrich
Tiefbewegt, und ich machte schnell noch die Aufnahme. »Morgen
holen wir n Eimer Sirup: der kost' hier bloß 10 Mark.« (In Niedersachsen 14!) »Und auch Kartoffeln sind nur die Hälfte.« Lachten wir uns an,
froh solcher Billigkeit, arme heitere Kümmerform, Pärchen ohn' Tief-
gang, die Gesellschaft vom Dachboden: ein irrsinnig gewordener Hahn
kräht jede Nacht um Drei: der ist oft daran schuld. – So leben wir
zunächst zusammen; wie es weiter wird, weiß ich noch nicht.

SEELANDSCHAFT
MIT POCAHONTAS

I

Rattatá Rattatá Rattatá. / Eine Zeitlang hatten alle Mädchen schwarze Kreise statt der Augen gehabt, mondäne
Eulengesichter mit feuerrotem Querschlitz darin: Rattatá. / Weiden im Kylltal. Ein schwarzer Hund schwang
drüben die wollenen Arme und drohte unermüdlich
einem Rind. Gedanken von allen Seiten: mit Flammen
als Gesichtern; in schwarzen Mänteln, unter denen
lange weiße Beine gehen; Gedanken wie leere sonnige
Liegestühle: rattatá. / Rauchumloht Gesicht und Haar:
diesmal strömte er aus einer kecken Blondnase, 2
gedrehte Fontänen, halbmeterlang, auf ein Chemie-
kompendium hinab (aber kleingeschlafen und fade, also
keine Tunnelgedanken). / Rattatá: auf buntgesticktem
Himmelstischtuch, bäuerlichem, vom Wind geblaut,
ein unsichtbarer Teller mit Goldrand. Das ewige Kind
von nebenan sah zuerst das weiß angestrahlte Hochhaus
in Köln: »Ma'a kuckma!«

»Die Fahrkarten bitte« (und er wollte auch noch meinen Flüchtlings-
ausweis dazu sehen, ob ich der letzten Ermäßigung würdig sei). Die
Saar hatte sich mit einem langen Nebelbaldachin geschmückt; Kinder
badeten schreiend in den Buhnen; gegenüber Serrig (»Halbe Stunde
Zollaufenthalt!«) dräute eine Sächsische Schweiz. / Trier: Männer
rannten neben galoppierenden Koffern; Augenblasen argwöhnten in alle
Fenster: bei mir stieg eine Nonne mit ihren Ausflugsmädchen ein, von
irgendeinem heiligen Weekend, Gestalten mit wächsernem queren
Jesusblick, Kreuze wippten durcheinander, der suwaweiße Gürtelstrick
(mit mehreren Knoten: ob das ne Art Dienstgradabzeichen iss?). / Die
Bibel: iss für mich 'n unordentliches Buch mit 50 000 Textvarianten. Alt
und buntscheckig genug, Liebeslyrik, Anekdoten, das ist der Ana, der
in der Wüste die warmen Quellen fand, politische Rezeptur; und
natürlich ewig merkwürdig durch den Einfluß, den es dank geschickter
skrupelloser Propaganda und vor allem durch gemeinsten äußerlichen
Zwang, compelle intrare, gehabt hat. Der ‹Herr›, ohne dessen Willen
kein Sperling vom Dache fällt oder 10 Millionen im KZ vergast werden:

69

das müßte schon ne merkwürdige Type sein – wenn's ihn jetzt gäbe! /
Aber dies Kylltal war schön und einsam. In Gerolstein, Stadt siegfriede-
ner Festspiele, Recken hingen mit einer Hand an Speeren, schlief auch
ein Bahnmeister auf seinem Schild, gekrümmt, man sah eben noch ....
lste .... / »Elle est«: »Elle est«: schlugen die Ventile der Lokomotive
drüben. / Magische Quadrate (wo alle Seiten und Diagonalen dieselbe
Summe ergeben, schon recht!): aber gibt es auch ‹Magische Würfel›?
(Interessant; später näher untersuchen). – Der Prospekt von Coopers-
town: Heimat des Baseballs *und* James Fenimore Coopers (Was ne
Reihenfolge! Und immer nur Deerslayer und Pioneers erwähnt. Ganz
totgeschwiegen wurde das Dritte im Bunde, Home as found, wo er die
Yankees so nackt geschildert hat, daß es heute noch stimmt, und das ja
auch prächtigst am Otsego spielt: wenn der aus dem Grabe könnte, was
würde der Euch Hanswürschten erzählen!) / Das bigotte Rheinland:
selbst der Wind hat es eiliger, wenn er durch Köln kommt. Aber der
Anschluß klappte: fette Jünglinge schritten in mestizenbunten Kitteln
über die Bahnsteige; sorgfältiger Kuß eines geschminkten Paares; im
Nebenabteil erklärte er einen Kurzroman: »Oh, Fritz, nicht hier! – Oh,
Fritz, nicht! – Oh, Fritz! – Oh!« / Ruhrgebiet: glühende Männer tanzten
sicher in sprühenden Drahtschlingen; während ner Bahnfahrt schlafen
können iss ne Gottesgabe (also hab ich se natürlich nich!). Wieder hingen
ihr, sie fuhr bis Münster mit, die Rauchzöpfe aus den Nüstern, über die
durchbrochene Bluse hinab, in den dunklen Schoß, vom Kopf bis aufs
riuhelîn (also jetzt Heinrich von dem türlîn, Diu Crône; ebenso gut wie
unbekannt, und mir den weitgerühmten mittelhochdeutschen Klassi-
kern durchaus ebenbürtig, prachtvoll realistisch zuweilen, geil und
groß). / Ein vorbeischießendes Schild ‹Ibbenbüren›: erschienen Flam-
menpanzer zwischen seidenroten Mauern, und ich wieder mitten drin
als VB der Artillerie: Schlacht im Teutoburger Walde, 1945 nach Chri-
stie. Licht flößte oben dahin, in Langwolken. / Hellsehen, Wahrträu-
men, second sight, und die falsche Auslegung dieser unbezweifelbaren
Fänomene: der Grundirrtum liegt immer darin, daß die Zeit nur als
Zahlengerade gesehen wird, auf der nichts als ein Nacheinander statt-
haben kann. ‹In Wahrheit› wäre sie durch eine Fläche zu veranschau-
lichen, auf der Alles ‹gleichzeitig› vorhanden ist; denn auch die Zukunft
ist längst ‹da› (die Vergangenheit ‹noch›) und in den erwähnten Ausnah-
mezuständen (die nichtsdestoweniger ‹natürlich› sind!) eben durchaus
schon wahrnehmbar. Wenn fromme Ausleger nun gleich wieder vom
»gelungenen Nachweis einer unsterblichen Seele« träumen, ist ihnen zu
bedeuten, sich lieber auf die Feststellung zu beschränken, daß Raum und

Zeit eben wesentlich komplizierter gebaut sind, als unsere vereinfachen-
den (biologisch ausreichenden) Sinne und Hirne begreifen. / Wände mit
braungelbem Lichtstoff bezogen: der Künstler hat nur die Wahl, ob er
als Mensch existieren will oder als Werk; im zweiten Fall besieht man
sich den defekten Rest besser nicht: man hektokotylisiert ein Buchstück
nach dem andern, und löst sich so langsam auf. / Lieber schon mit dem
Koffer nach vorn gehen!: surrten Nebligkeiten vorbei, dunkelgraues
Schattenzeug; nur die Bahnhöfe wußten schon Licht. (Und das Münz-
kabinett des Nachthimmels).

II

Fledermausstunde I (abends ist II) und die Klexographien der Bäume. Das blasse Katzenauge des Mondes zwinkerte noch hinterm Schornstein, ansonsten prächtig klar und leer. Trotz der Müdigkeit war mir recht flott und akimbo im Gemüt, und ich fing an, aber bürgerlich rücksichtsvoll und nur mir hörbar, zu flöten, Girl of the Golden West, cantabit vacuus, wer müßig geht, hat gut pfeifen; als Scherenschnitt mit Aktentasche in einer Scherenschnittwelt. Und dies also ist Diepholz (kritisch vorm Stadtplan): Lange Straße, Bahnhofstraße, Schloß, ähä. Zwei Bauchfreundinnen stöckelten vom Tanz nach Hause und trällerten schwipsig die Schlager. Baulichste Schönheiten: nischt wie quadratisches Fachwerk und ‹Gott segne dieses Haus›, aber sehr sauber, das muß man sagen, auch feines Ziegelpflaster. Ein Büro der SRP und ich verzog bedenklich die kalte Gesichtshaut: nich für 1000 Millibar! (befühlen: wächsern, mit Ohren, die Gurgel sandpapierte bereits wieder). Im Grau die Büchertitel kaum zu entziffern, trotz Scheibennase und Lupenaugen: ? – ? – ah, Schmidtbonn, Pelzhändler, gut!: Zerkaulen oh weh und brr! Die plumpe Wasserburg, scheunenmäßig wehrhaft, auf dem Graben Entengrütze, alle Wetterhähne sahen gèspannt nach Osten: immer diese Vergangenheiten! Erste Geräusche (und ich schielte eifersüchtig): ein verschlafenes Bauernmädel, umringt von belfernden Milchkannen; der Arbeiter, der prüfend sein Rad besichtigt, Tretlager und Gangschaltung; fern im Norden loses Gewebe aus Schall: ein Zug (Taschenuhr: grundsätzlich: 10 nach 4). Der große See schien zarten Qualm und Wolkenkeime zu senden; aber der Himmel blieb noch immer unbeteiligt.

Fledermäuse erschienen noch schnell mit schwarzen Markttaschen und feilschten zwischen Venus und Jupiter, so nahe, daß man es knacken hörte, wenn sie ihre harten Insekten schlachteten. Und endlich wurde auch das hölzerne Wartesälchen geöffnet (nachdem ich die Touropa-Plakate nun wirklich kannte!: »Ja, 'n Helles.«). / Der Frühzug in Richtung Osnabrück sammelte dunkelblaue Arbeiter und höhere Schulkinder; und mittenhinein plapperte endlich von außen das Motorrad: ? : ! : »Erich!!«: Malermeister Erich Kendziak: ein Rest roter Haare im Nacken, sonst kahl wie Ihr Bekannter; jedenfalls war er es, unverkennbar, und wir grinsten, 6 Fuß überm Erdboden, rissen uns auf altdeutsch die Hände aus: »Oba 2 Bier!«, und sahen uns dann, das erste Mal wieder nach gut 8 Jahren, genauer durch: – –: »Mensch, Du wirst ooch schonn grau!«, und ich parierte die Verbindlichkeit unverzüglich: »Leidestu immer noch so stark an vapeurs?«; wir stießen munterer an, und er verbrannte sogleich etwas Tabak zum Wiedersehen: »Roochstu immer noch nich wieder?« (Und ich mußte den Kopf senken: nee, 's reichte immer noch nich: »Wenn ich ma wer' 200 Eier im Monat haben!«).

Dann ganz schnell die ersten Kriegserinnerungen: die schnellfingrigen Polen; das flohreiche Hagenau; Norwegen mit seinen gottlosen Granitpolstern: »Haste ma wieder was von Ee'm gehört?«; in halb Europa gab es keine Stelle, wo uns nicht Silbergeränderte zusammengebrüllt hatten: »Oba!«. / Er schwitzte jetzt schon hinter seiner Autobrille, in seiner Lederjacke: »Sieht aber fantastisch aus!« lobte ich, und er nickte überlegen: »Leute, die Dich in' Hintern treten möchten, müssen damit immer noch zugeben, dassde vor ihn' stehst!: Fuffzehn Geselln hab ich im Augenblick arbeiten, Spezialist für größere Flächen, da kommt schonn was ein!« (bekümmerter): »Bloß pollietisch mußte im Augenblick ganz vorsichtich sein – na, ich geb Je'm recht: und wähln tu ich doch, was ich will!« (und vertraulich-neugierig, ganz wie früher, im Flüsterton des Dritten Reiches): »Was hälstn Du davon?«. Ich zuckte die Achseln; war kein Grund, das vor ihm zu verbergen: »Auf Landesliste Gesamtdeutsche Volkspartei; im Kreis SPD: Wer mich proletarisiert, muß damit rechnen, daß ich ooch noch Kommune wähl'!« und er knallte entzückt die flache Hand auf den Tisch: »SPD iss zwa ooch nich mehr, wasse wa: wolln ooch schonn ‹uffrüsten›: Kinder, wo sind die Zeiten hin, wo se im Reichstag jede Heeresvorlage ablehnten?! Aber 's bleibt ja weiter nischt übrich; denn CDU – lieber fress ich 'n Besen, der 7 Jahre«: »Aber Herr Kendziak!« mahnte ich preziös, und er zeigte geschmeichelt die Zähne: »Oba«!. / »De Ostzone?: Meine Schwester iss drüben,« berichtete er: »Und meine kleene Nichte: die Briefe müßt'e ma lesen!: den' gehts nie schlecht! Sekretärin isse: ham sich vorjes Jah alles neue Möbel gekooft; und 'n Stückel Land mit 'n Wochenendhaus druff – sonne Wohnlaube eben für sonntags. Ja nie Alles glooben: mögen die drüben schonn Fuffzich Prozent lügen: für den Rest komm' unsre uff! Iss ja nich mehr feierlich, wenn De abends vom NWDR das Gelalle ‹Hier spricht Berlin› hörst!« / (Überlegene westliche Kultur??: Nanu!!: Wo hat sich Goethe denn schließlich niedergelassen: in der Bundesrepublik, oder in der DDR he?! Von wo nach wo floh Schiller? Und Kant hats in Kaliningrad so gut gefallen, daß er sein ganzes Leben lang nicht rausgekommen iss!) / Dann Familienstand: »Das Wölfel?!: Hachdu, der zerwetzt schonn alle 14 Tage 'n Paa Schuhe beim Fußball!« (War Erichs Sohn von der verstorbenen Frau). – Wieder heiraten? Er sah mich

fromm an: »Da wär ich ja nich wert, daß Gott mir's Weib genomm'
hat!: Du warst ja überhaupt noch nie verheirat': erst bistû dran! –
Kellner!« Und erinnerte sich bei der Abrechnung schon wieder: »Was
haste damals immer gesagt?: ‹Es ist unnatürlich, daß ein Dichter für
seinen Cocacola bezahlen soll› – Neenee: Lassen Sie gutt sein: aber geem
Se 'ne kleene Rechnung: ‹Für Frühstück›« und der Ober nickte weise,
gütig lächelnd: Friede den Hütten, Krieg den Finanzpalästen! / Draußen:
Papierhell und leer: das Zeichenblatt des Himmels. Geräte aus klarem
Dunst darauf: 1 rotes Lineal, 1 grauer Winkelmesser; links unten die
blitzende Reißzwecke: »NSU mein Lieber: genau wie früher!« und
winkte verständig ab: »verstehst ja doch nischt davon.« Wrumm,
wrummwrumm: ein stolzer Blick zu mir hinter, Meister im Daumen-
sprung,: wrumm na?!! / So früh waren eigentlich nur erst die Fernlast-
züge unterwegs, und wir wiegten uns bürgerlich räsonabel um die
Ecken. Die breite Reichsstraße 51 wurde allerdings eben schwer aus-
gebessert, und rotweiße Hürden sperrten zehnmal Dreiviertel der Fahr-
bahn; brüllen: »Äu-ßerst-merkwürdich!!« (dazu hatte ihn nach eigenem
Geständnis seine Frau erzogen: dies statt des ihm früher allzu geläufigen
»Verfluchte Scheiße« zu sagen; aber Eingeweihte wußten, was er
meinte!). Hübsch, das völlig ebene Land, Gras und Moor, sehr geschickt
mit Nebeln aller Art verziert, breite stille Gräben, sowjetischrote Wol-
kentransparente im Osten, bis zum Kilometerstein 44,6 am Scheide-
wege: »Tja? . . .«. Wir standen. / Ein anderes Motorrad heulte von hinten
vorbei (aber bedeutend weniger regelmäßig als wir vorhin, und Erich
betrachtete verächtlich die Marke): »Also sehn wa uns erstama Lembruch an« und wir prasselten wieder vorwärts. / Lembruch: das Neue
Kurhaus, modern mit Stromlinie und flachem Dach: »Die Dinger wer'n
doch immer tankstellenähnlicher!«: »Sint ja ooch welche.« – Eine Wiese
mit zahllosen Zelten (beschliefen natürlich noch alle die wehrlose Erde;
vornehme Affen mit Autos, arme mit Fahrrädern: »Könn' ihr plattes
Gesicht nich oft genug sehn!«). Aber vom gelbgrünen Deich der erste
Anblick des Sees: hellblau und zitternd vor Frische; im Südwesten sah
man kein Ufer, Dalladda, dalladda (Alde Leude wärn äm ginsch!). Und
auch Erich wies stolz drüber hin: na, wer hat 'n entdeckt und Dich
eingeladén?! Leider waren die Bänke noch klitschnaß vom Tau (und die
10 Fennje fürs Fernrohr schmiß ich diesmal). / Wieder eine große Wiese,
ein Restaurant dahinter, und der Besitzer suchte uns hiermit zum
Bleiben aufzumuntern: heute Abend kämen noch 200 Zelte her! Das gab
allerdings den Ausschlag: »Komm bloß raus hier, Erich! Die andere Seite,
sagtest Du?«. Er stand sehr da, unschlüssig, nichts als Skrupel auf dem

74

Gesicht: einerseits wollten wir 'n bissel Ruhe; andrerseits sah er im Geist endlose Zeltreihen voll blanker Mädchen, die ihn, den Geldmann, unterwürfig anäugelten: »Stehste da wie Karl der Nackte! Äußerst merkwürdich!« und wir bürgerten verdrossener vor uns hin, wieder zum Motorrad: 7 Uhr 50. – »Eene Möglichkeit iss drüben: aber da iss gaa nischt los!« / Schon die Straße sah wirklich doll aus: halbrund gewölbt die Teerdecke : ? : »Das iss der Moorgrund,« erklärte er, noch immer ungehalten: »sackt nach beeden Seiten ab: iss 'n ganz blödes Fahren!« Drüben floß ein Zug flink durch Wolluft und Felderglanz, stutzte kurvenscheu, pfiff erstaunt auf und verschwand Vorbehalte murmelnd in sich selbst. Erich wandte um 160 Grad in die warzige Dorfstraße, schon schien uns die Sonne ins Gesicht, das leinölfarbene Schild ‹Dümmerlohausen›, wrumm–wrumm: halten: ein hübsches, ziemlich neues Gebäude, groß und sauber: ‹Holkenbrinks Pensionshaus›, Blumen um die Fenster, ein Garten: »Sieht gar nich dumm aus?!« (hoffnungsvoll). »Ich kenns,« sagte Erich kurz: »hab schonn ma uff Geschäftsreise hier übernachtet. – Blaib aber sitzen; ich frag,« und ging hinein. Umsehen: alles Bauernhäuser; Sprüche am Balken, und Namen wie Enneking, Schockemöhle, Kuhlmann; ein dicker brauner Hund tummelte wild gradaus, heraus aus dem Haus, auf mich zu: »Wissu rainkomm', Tell?!« und auch Erich erschien wieder in der gleichen Tür. »Na, que tal?: Iss was frei? –« (Es war was frei!).

III

> Die Eine: 6 Fuß groß; weißgelb geringelt im zaun-
> dürren Wespenkleid, ‹Wie die Alten den Tod gebildet›;
> endlose Armstöcke, tiefbraune, knieten vor ihr auf dem
> Tisch; scheinbar Verlobungsring; Busen zumindest zur
> Zeit nicht feststellbar. Bussardig hakte die Nase aus
> dem Irokesenprofil; der ungefüge, fast lippenlose
> Mund; randlose Brillengläser ritten vor knallrunden
> Augen: »Hatschi!« (und das sah allerdings trostlos aus
> und wackelsteif, wie wenn Backsteingotik nieste oder
> ein Hochspannungsmast). / Die Andere: klein und
> bauerndrall; rotgestickter Mund in talggelbem Slawen-
> gesicht; Finger lagen unordentlich um die Tasse, hell und
> krumm wie Hobelspäne; und aus dem fetten Vokal-
> gemische sprudelten lustig die harten »r«: »Ah, Pieronje
> bei Gleiwitz« erkannte Erich angeregt die Nationalität.
> Das höllenfarbene Mädchen bog den schlanken Stielleib
> hinüber, Augen belichteten uns kurz, die Kleine wi-
> schelte einschlägig; und auch Erich fiel eben unnötiger-
> weise aus der Rubrik ‹Oberschlesisches Liebesgeflüster›
> noch ein: »Warum nimmstu Fin-gärr?: Nimm doch
> IHN!«

Auch drinnen wars propper; alle Klos mit Wasserspülung (dazu die
Illustrierte: Professor Baade hatte entdeckt, daß sich Miß Leavitt in bezug
auf die Entfernung der δ = Cepheiden geirrt hätte; und ich griff, wieder
ein abgerissenes Eckchen klüger, befriedigt nach dem vermessingten
Kettchen). / Unten schon das Werbefrühstück: Kartoffelsalat mit
Würstchen; richtige gute Butter zum Brot. Und Bohnenkaffee?: Potz
Knack-, Schlack-, Blut- und Leberwurst! (Für uns, Vierzehntagsgäste,
zwar extra angerichtet; aber immerhin!). »Neenee; Verpflegung iss in
Ordnung hier!« entschied Erich energisch: »Volle Pangsion 8 Mark pro
Kopf und Tag – – alassmann: ich zahl schonn –« (‹Geben is seeliger denn
Nehmen›) »und absetzen kann ichs ooch noch!« vertraute er mir an. /
Die S-prache in Oldenburg wie in alter Zeit (die Wirtsfamilie näherte
sich, Einer löste immer die Andere ab): die Leute konnten kein »sch« am
Wortanfang aussprechen! Entweder sagten sie ssön oder Skule, sslimm
und Gesellskaft. »Die Vögelsammlung kannste später ansehn. – Aber
kuck ma da!« und wies unauffällig mit der Stirn: / : also die andern
Sommerfrischler abmalen: ein nieseliger dürrer Fünfziger (allerdings
mit seltsam leichtfertiger roter Troddelmütze!); ein Ehepaar: kriegs-
versehrter Arm, sie klein und ganz bunte Kuh. »Nee die nich!«: / Sie
war wirklich erstaunlich häßlich. Zuerst. Und Erich stand gar nicht an,

seinem Schock Worte zu leihen: »Höchstens aus anatomischem In-
tresse« meinte er bedrückt und sah mich bittend an:?. Aber ich hatte
mich bereits wieder gefaßt, und suchte mir stur das Aparte heraus: – –
hm – –: hm! Erich manschte schon mit den Augen in seiner strammen
Maruschka, pavillon und culasse, da gab es für ihn gar kein Schwanken:
»Also du das Nachtgespenst? –«: »Ja, was denn sonst?!« und das kam so
aufrichtig, daß er doch einen Augenblick unsicher wurde, noch einmal
verblüfft taxierte – –: »Wie alt schätzt du? – Ungefähr!«. Achselzucken:
»Mitte 20? –« (war schwer; konnte auch Ende sein. Gebügelte Hosen
hätt ich anhaben mögen: so bescheiden dieser Wunsch auch war, das
Schicksal erfüllte ihn wieder nicht). »Du mußt ja ooch den meisten Mut
haben: bist ja Untroffzier gewesen!« ratifizierte Erich befriedigt die
Teilung der Interessensfären; dann räusperte er sich markig und ging,
alter Routinier, ans Werk (und seine Bockssprünge standen ihm charak-
teristisch zu Gesäß): laute Unterhaltung mit der Wirtin, warmes Män-
nerlachen: »O Geld spielt keene Rolle!!« (dabei 1000 Watt hinüber, und
unsere beiden Dornröschen knisterten leiser miteinander). Auch das
Fremdenbuch brachte der neugierige Alte, und wir lasen erst einmal
behaglich darin, mit langen bedeutenden Fachmannsblicken zu den hold
Errötenden und unbeteiligt Tuenden, aber s war enttäuschend leicht;
Geburtsort Rybnik O.S.: »Bitte: Annemarie Waniek: hier hastu ihm, der
Radio–« zu Erich. (Also hieß mein Glück Selma. Wientge, geboren
1930, beide Angestellte Richtung Osnabrück; eben sah man den bretter-
nen Rücken fatal deutlich, und auf meinem Gesicht malte sich wohl
tiefer Zweifel, denn selbst Erich bemerkte es und lachte vor Wonne wie
ein Frosch). / »Falsche Namen?? –: Aber nur! Fallsde Eene anknallst!
Und Ausweise verlangt niemand hier.« So behielten wir denn lediglich
die Vornamen bei; so – – – (»Du: ich bin Landmesser!«: »Ich bleib
Malermeister!«). Dann ließen wir das Buch unwiderstehlich offen am
Tischrand liegen; erhoben uns zu voller Länge, wölbten die Brust und
so weiter, neigten einen verbindlichen Guten Morgen: Lächeln, mit
tiefen Blicken in die betreffenden zugewiesenen Augenpaare: damenhaft
sah s beiseite und dankte gekonnt gleichgültig, durch uns hindurch – –
(ah: ein Augenzipfelchen wehte doch noch hinterher!: »Mach schnell; se
gehn ooch zum See!«). / »Vergiß dein' Foto nich!«. Aber das Leitungs-
wasser schmeckte schlecht, wie nur je in Flachländern, sumpfig.
‹Geständnisse einer Hotel-Waschschüssel›. Der unvermeidliche 1890er
Kleiderschrank: »So was haste früher bloß bei Großherzogs gesehn, in
der gutten Stube!«. Am Fenster: ein flaches Dach davor, rechts von uns
wehte noch eine Gardine, und Erich, alter Baukletterer von Beruf,

begab sich hin und lugte ehern hinein:?, nickte erfreut: »Da wohn' se!«.
Kam zurück: »Mensch: iss ja wie'n separater Eingang!« und fixierte
fröhlicher die neuen Plattfußeinlagen. (Unten pumpte er sich dann noch
'n Riesenstrohhut von der Wirtin, warnte vergeblich: »Wirst schonn an
mich denken!«, und sah drin aus, gerissen und ehrbar, wie 'n Farmer aus
Connecticut).

IV

> »Sie heißen Selma: ich hab' sofort aufgepaßt!« gestand
> ich. Das Wasser, stark wie ein blauer Stoff, lag uns als
> Hüfttuch an. »Im Gästebuch, als wir uns eintrugen«;
> auch die Schultern waren ganz mager. Sie öffnete unbe-
> holfen den großen Mund, lachte dann schrillend, wurde
> noch ziegelfarbener, und vertraute dem See an: »Wir
> auch. Aber Sie sind Joachim, ja?!« und atmete befrie-
> digt. Schaumkraut der Wolken. Ich holte so tief Luft,
> daß sie fasziniert auf meine Brust sah, an der sie entlang
> gehen konnte, wie an einer gelben Mauer: »Wir fahren
> zusammen!« behauptete ich, und sie nickte zaghaft und
> eifrig (gab sich aber auch pro forma einen trotzigen
> Ruck). Enten starteten wie Klipperflugzeuge. Beide
> ohne Badekappe. Wir lachten töricht, und spielten vor
> Verlegenheit mit dem Wasser. Auch fiel mir ein:
> Schilfschlingen im Haar; die Gestalt traurig und steif;
> schwärzlich sichelförmige Flossen; in der Linken ein
> Seegewächs; lachsrote zarte Fiederkiemen als Blume
> hinter jedem Ohr: das sah sehr hübsch und ukulele aus.
> »Wir wollten uns erholen«, vertraute sie mir noch
> unschuldig an.

So mild war die Luft, daß man hätte Kremschnitten damit füllen
können; Blütenstaub der Ferne lag über den Dammer Bergen (»Hach!
Du hasta vorher de Karte angesehn!« Erich; und knurrte unzufrieden:
scheußlich diese Gebildeten!); eine Kastanie wiegte bedächtig die ge-
puderte Perücke. – Die Häuser: »Könnten ooch wieder ma gestrichen
wer'n«, urteilte Erich unbestechlich; nur zwei fanden seinen Beifall: ein
schneeweißes, und eins mit Wasserglas: »Iss zwar teuer; aber sehr
solide«. Mit Binsen gedeckt: »Arme Feuerversicherung!«. / »Gelobt sei
Jees' Kristus: wohin gehste denn?«: »Nach Buttermilche in Ewichkeit
Ahm'« (zwei Kinder, scheinbar Flüchtlinge; ich kannte mal einen, der
antwortete auf »Grüß Gott« grundsätzlich »Wenn d'n siehst«; war 'n
feiner Mann). Tja, Münsterland ist stockkatholisch, historisch bedingt,
(und Immermanns Oberhof für den Kenner sozialer Verhältnisse ein

schlechter Witz. Anderes Tema.) / : Ein Kiebitz mit schwarzem Brust-
schild und Federkrönchen lief schreiend gradaus. Ein dürres altes Weib
zwergte übern Weg, krumm wie 'n Fiedelbogen, weiße Fusseln an
einem Ende, hantierte plärrend vorm Kruzifix: »Die darf nu genau so
gut wählen, deren Stimme wiegt genau so viel, wie die von meinetwegen Ollenhauer: iss das richtig?!«: »Adenauer würd' ‹Ja› sagen.« (Aber
mal ernsthaft: allgemeines und gleiches Wahlrecht ist Unsinn: zumindest müßte Jeder erst 'ne geschichtlich-geographische Prüfung ablegen;
und mit 65 Jahren das Wahlrecht, aktiv wie passiv, überhaupt erlö-
schen!). / Wind sprang schnarrend die prächtige Pappelchaussee herunter und stolzierte Grimassen aus Staub. Ein Maicomobil: »Sieht soweit
ganz smart aus, was?«. Vor der Jugendherberge schritt es rüstig, unter
Pfadfinderhüten: haháha: auch wir Christen sind fröhlich! / Am See: erst
ein Bäcker (auch mit Eis und Brausen); schon sah man weiße Wolken-
korallen; junge Burschen nahmen allerlei heldische Stellungen ein, vor
halbwüchsigen Geliebten; Greise trugen an schnöden Speckwänsten;
schnurrbärtige Matronen stampften auf Beinkegeln – aber doch sehr
wenig, im ganzen vielleicht zehn, und sechs davon unter den Sonnen-
schirmen des Strandcafé Schomaker jun. Ich: »Das geht noch zu ertra-
gen«; Erich: »Keen Betrieb hier!«. / »Kommkomm: rück die Peseten
raus!«: 20 Mark Bootsmiete die Woche, und Erich sah ihn schärfer
an:?! –: »Na, wern schonn einich werden!« behauptete er kühn. Dann
studierte er, ganz Nichtschwimmer, besorgt die Karte am Eingang:
»Ertrinkungsgefahr!«, die Naturschutzgebiete, und zwingend rote
Rechtecke: »Hier!: Sieh dirs ruhig ooch an: da iss anläßlich des Deich-
baues ausgebaggert und 5 Meter Tiefe: pass ja uff!« (Und besorgter:
»Äußerst merkwürdig!«; ich mußte tatsächlich mit hintreten und mir
ernsthaft die Stellen einprägen; grade, daß er nich abfragte!). / Das
Paddelboot: weiß, mit flotter, kalkblauer Stromlinie und innen zin-
noberrot; herausnehmbare Rückenlehnen; ein Holzpritschelchen als
sportlich magerer Sitz (»Morgen nehm ich ma 'n Kissen mit!«). / »Aba
intressant die Binseninseln, was?!«. Seerosen weiß und gelb. »Lauf
brünieren lassen, daß a nich in der Sonne blitzt!« fügte er, alter Frontsoldat, hinzu, und zog die Badehose noch tiefer, wahrscheinlich um
keinerlei Zweifel aufkommen zu lassen, daß er männlichen Geschlechtes
sei. »Ruhch ama!«: ein Düsenjäger johlte weit vor seinem Schall her: ein
erschrockener Entenruf, die Binsen wackelten, und weg war der dünne
Hals mitsamt dem bunten Bubikopf: Haubentaucher!: »Haste das
gesehn?!« / »Nanu?!«: – ein Schrei übers Wasser: »Mensch, das sindse
doch! –«. Aber da schien – – na, ich rief erstmal beruhigend und

bootsknechtig hinüber und spannte die Arme: !, !, !, ! / »Annemie iss
schlecht geworden!« und die Augen liefen ihr ängstlich im hageren
Gelehrtengesicht herum –: – sofort stand ich neben ihr im Wasser, und
nahm ihr die fette schlotternde Kleine ab: »Sie halten's Boot fest. –:
Erich!:« und er faßte unaufgefordert tiefer unter die breiten Arme,
während ich, Oberkommandierender, in jeder Hand eine strotzende
Popohälfte, gratuliere Erich, keuchend hochstemmte:! –:! Selma schob
bereits der Freundin feiste Füße übern Bootsrand, und hob dann bei mir
mit an, (wobei unsre Schultern sich sachlich aneinander preßten: »Du
fährst zurück, Erich, und bringst 'n neues Boot im Schlepptau mit!
Avanti!« / Wir drehten einträchtig der Sonne den Rücken (im Wasser
stehend, und das Wasser schwankte) und der klopstockische Vorname
stand ihr gar nicht. »Wie lange sind Sie schon hier?« 8 Tage warens.
»Und noch?«: »Bis Freitag früh.«: »Ach!!: Da haben wir so wenig Zeit!«
(Reuevoll: »Ja!« und ansehen). »Ich glaubs nich«, sagte sie düster: »ich
seh doch aus – wie ne Eule?!« und wartete verzweifelt auf Widerspruch,
hoffnungslos, mit ungeschickt verzerrtem Mund und hagestölzernen
Augen. Ich faßte ihre Hände unter Wasser und verbot ihrs mit dem
Kopf: kein Wort mehr gegen – »Pocahontas« sagte ich leise (und sie
horchte mißtrauischselig den fremden Silben nach; halblaut erklären.). /
Wir schwammen meist Seite: Beinlatten scherten, Flossenfüße, die
Arme griffen kompliziert durcheinander (aber einer immer als Sporn
voraus): »Wollen wir schon 'n Stück entgegen?« / Ich im Boot, sie im
Wasser (hat noch Angst?): »Wielangekannichtáuchänn?!« (und ich
mußte gleich auf die Uhr sehen: sie steckte den Kopf (mit dem schwarzen spitzen Binsendach) mutig ins Wasser, die Beine angelten meist halb
in der Luft, immer noch – – schnaufte flußpferdig, piepste: »Ja?!« – an
sich 27 Sekunden, gibt der Kavalier fünf zu: »32!«, dazu anerkennend
und betroffen nicken; (und sie freute sich, atmete noch herrlich tief, und
hielt schon wieder Umschau nach neuem Fürwitz: tatsächlich: ich
mußte sie hinterm Boot herziehen!). / »Nich mein' Rücken ansehen!:
Mir stehn doch überall die Knochen raus!« und flehend: »Ich will hinten
hin!« (murmelte noch mehr; aber kommt nicht in Frage: uraltes Boots-
gesetz!). / Die zarten mageren Beine; das Genick köstlich frisch gescho-
ren; ein lieber Kerl (wenn ihr bloß manchmal das Gesicht im Nacken
stände!). Mit dem Steuerbordauge Erichs Boot beobachten: Die verschwanden grade lachend nach links: »Komm' Sie: Einkremen!«: sie
tunkte schüchtern einen langnageligen Finger in meine dunkelblaue
Niveaschachtel, rieb sichs auf den linken Oberarm, und saß dann
verlegen damit da: »Mehr doch!«. / Aber nein: »Jetzt will ich paddeln!«:

80

»Moment noch!«, und ich legte mich erst tiefer in Deckung – so! –: nun
konnte sie ihre abenteuerlichen Moulinets übers Boot schlagen, mit dem
Bihänder (und wir kamen wirklich langsam an der Schilfkulisse vorbei,
eppoi si muove!). / Ein Haubentaucher mit zwei Jungen: sie erstarrte,
Hände an der Paddelstange, winkte heftig mit den Schultern: ruhich!:
lautlos trieben wir näher – – ein Pfiff: sie tauchten alle gleichzeitig.
Hände und Gerät sanken ihr langsam aufs Boot; Flüsterschmachten:
»Ach iss das süüüß!«/ Manchmal stießen unsere Paddel aneinander, und
sie lachte verschämt zurück und wurde noch eifriger, bis ich sie endlich
überreden konnte, und das Ding lang links neben uns aufbewahrte. /
Lichterloh schrie der Raubvogel, und packte mit Krallen und Zähnen
die Wasserscheibe. »Mit Zähnen – ?« wandte sie betroffen ein. Jener
kreiste korsaren wieder hoch, und ich winkte im Beobachten der
Unpoetischen ärgerlich ab; gab dann allerdings zu: »Na ja; wenig Vögel
haben Zähne.«: »Wenig –?« wiederholte sie zähe und ungläubig (kannte
mich also noch nicht lange, und ich mochte grade jetzt keine Vorträge
halten, resümierte also: »Ja. Wenige.«).

V

Eine Wiese von Stimmen (darüber dreifaches Lehre-
rinnengemuhe, à la »Falls jemand noch ne Frage hat«):
»... und das hier iss die Beckessine. Oder Himmels-
ziege: weil sie immer so meckert«: Holkenbrink der
Alte, mit einem Rütchen in der zähen Hand; selig sind
die Bastler, denn sie werden – – naja: eben selig sein!
Vorn traute sich ein helles spindelförmiges Händchen in
die Luft, fing vor Erregung an zu zappeln, fingerschnip-
sig: »Brandente!«: »Richtich!«. Kleine Jungen, resolute
roundheads, mit nichtsnutzig langen Beinen. Die Mädchen miauten vor Vergnügen, und dazu ihre dünnen
Waschkleider, Schöpflinhaagen, die ganze Kollektion.
Kranich, Reiher, Seeadler. Haarfarben von Weiß bis
Schwarz, auch das seltene Sandgelb und Rot. Dohlen-
krähenelstern. (»Gibts denn nich bald was zu schpach-
teln?!«: Erich; aber die Wirtin, Messerbüschel in den Händen, wies nur resigniert auf den letzten Autobus): ein
ganzes Rudel appetitlicher Fünfzehnjähriger, die meisten gingen sofort austreten. Alle Fleischfarben, pickliger
Kalk bis marmorierte Sülze; Busen for beginners,
schön hellbraun paniert mit Dümmersand: »Nain. –:
Nain – –: Auch nich! – – –: Die Trauerseeswalbe!!«.
(Verführung Minderjähriger: strafschärfend sollten dabei wirken: Nachtzeit (wieso das?); Unkenntlich-
machung; falsche Angaben über Namen und Wohnung,
ähä; Flucht; Rückfall; gemeinschaftliche Ausführung
von drei oder mehr Personen, hier stutzte ich schon;
Verweigerung der Werkzeuge ...?? – Dann erst ent-
deckte ich, daß ich in die Forstdiebstähle geraten war,
und stellte den Band entmutigt zurück: im StGB soll
sich ma Eener durchfinden!). Endlich warfen die
Fliegen vom Stubendienst ihre Motoren wieder an.

»Heut Mittag gibts Blumänn-kohl!« verkündete Annemie strahlend,
und auch mein Meerwunder lauschte zufrieden, baute ein rotes Zelt aus
ihren Händen, und machte ein paar aparte Bewegungen: dünnste Gold-
drähte hieltens hinter den geschnörkelten Ohrentrichtern, über der
Nasenwurzel ritt ein breiter Goldsattel. / Dann kamen die drei Auto-
busse mit den Schulklassen, und wir warteten aufs Essen. Erich bot
ergeben Zigaretten an, die gute Fox: erst seiner Zarewna: und auch
Selma nahm eine, um in der Eleganz nicht dahinten zu bleiben; sie
würgten zierlich am Rauch und setzten sogleich die dazugehörigen
Weltdamengesichter auf. »Nee. Lassma!« und er lauschte interessiert:
»Weeste: mein Vater, der war immer ganz verrückt uff Vögel: der hat
sich als Arbeiter extra 'n Doppelglas gekooft, bloß damit er se besser

82

beobachten konnte!« Die Vitrine in der Ecke mit den Steinzeitgeräten. /
»Warum komm' ei'm Lehrer jetz so furchbar albern vor?«: »Weil man
jetzt ihr formelhaftes, dabei dünkelvolles Wesen unbefangen über-
blickt.« / Die Frau des Steuerinspektors drüben schlug beiläufig eine
Mandel plumper Kreuze über sich, die finnige Stirnwulst, das blaue
schlagflüssige Kleid (Und schmatzte dann doch, daß ihr Gott erbarm!
Erich, durch seinen Kartoffelknebel: »Obs ihr so besser schmeckt?«). /
Der alte Holkenbrink, Mitte 70, noch mit dem Zeigestock in der Hand:
Ja, eingedeicht war der Dümmer neuerdings, und der Wasserstand
schwankte kaum; ja, man kann auch quer durchgehen: »wir habens ma
gemacht: mit zwei Booten nebenher.« Und im Winter fror er zu: »Ich
meine Erinnerungen skreiben?« (ich hatte's vorgeschlagen): »O da würd
ich wohl – hach: 14 Tage zu brauchen!«: »Sagen Sie mal: ebensoviel
Monate: dann komm' Sie der Sache näher!« und er staunte ungläubig,
voll bejahrter Ungeduld. – Das Wetter?: »Ou nain! Hoit früh wa sche ga
kain Nebel: da s-timmpwas nich!« und wackelte mißbilligend. »Nu,
vielleicht kommt der Nebel noch«, sagte ich gefällig und leichtfertig;
aber er sah mich s-treng und durchdringend an: verfängt bei mir nicht
mehr, Alterchen! Wer sein bissel Scheiß so ernst nimmt, ist für mich nur
noch komisch! / »Wir legen uns auch etwas hin!« verriet Annemie.
»Also dann los: huschhusch in die Buntkarierten!« / Oben im Spiegel
besehen: Mund verbiegen, Nase kräuseln, mit Eckzähnen ratlos spotten
(auf einem Buchumschlag hinten: 12 vom Dichter selbst geschnittene
Gesichter). Nochmal: Nee!: war nischt mehr los mit mir! Stoppelig,
rappelig, geknittert, unbeherrscht: was war ich für ein Kerl mit 18
gewesen, Barrenhandstand und Expressionismus, Körperfeuer und
Gesang (und jetzt: alle Verschlüsse undicht: »Du, Erich?«: »Hnn?!«:
»Fühlst Du Dich eigentlich schon alt, Erich?«: »Nee.«. Er schnitzte
riesige Stufen in den Brotlaib, fraß militärgeschwind: Ananas, Wurst-
büchsen, Edamer; vertraulich: »Weeste, wenn man als Kind so hat
hungern müssen, und jetzt später wieder: da wird ma zum Tier im
Fressen!«). / Ein Kopfkissen wie ein Findling: so stand ich lange und
dösig im Bett vorm Hemd (ogottnee: th' other way round; jetzt wirds
aber Zeit für mich!). Auch er bettete sein pensives Haupt; wir drehten
uns die gestreiften Rücken, Erich mußte natürlich laut fortzen, »Vorsicht: Feind hört mit!« (und es rasselte noch aus ihm, endlos, wie 'ne
nasse Kette). – »Leiden eigentlich Wale an Blähungen?« (mit der Gar-
gantualust des Volkes an physischer Großleistung). »Na Du kannst doch
ooch nich klagen!« schlug ich vor; und er kicherte stolz. (Aber unter
uns: ich wußte's tatsächlich nicht, ob Fische überhaupt. Im Brehm stand

natürlich nichts darüber; ma 'n Spezialisten fragen. – Aber ein finsteres Bild war's schon: 1000 Meter tief der blaugefühllose Riese, und die zimmergroße Gasblase wriggelt hoch!). / Im Zahnputzglas entstand ein schwingender Summerton, schnarrendes fading, aus dem Wasserkrug antwortete unwillig der zweite Störsender: Fliegen. (Dower Traumsalat). / Windschiefe Wolken? Schwül? (Also nochmal entleeren; Hände waschen; frisch mit Wasser füllen). Die Bäume gaben sich, aufpassen, Zeichen mit grauen Ästen, wegen dem gelben Schein überm Horizont: »Na? Riskieren wir's, Fräulein Wientge?!«

VI

Im bleiernen Wolkenkolosseum (das überall goldene Risse kriegte): auf den lindgrünen Wiesenscheiben schnoben die Bauern, rannten Gabeln in rundrückiges Grummet, hoben es stolpernd über die steilen Strohhüte, breitbeinig und nervös wie ihre sehr braunen Pferde: Rum rum rumpum! Wir duckten uns unter den Nackenschlägen der Fallwinde, lange Staubwimpel an den Füßen. Nebenan in Selmas Bluse begann es bauschig zu ringen; der Rock schlüpfte ihr von hinten zwischen die Beine, entzückend kerbte sich das stürmische Gesäß; ihr Haar kippte nach vorn und wollte auch wetterfahnen. Teremtemtem!: die Pappeln wurden hellgrau und zitterten am ganzen Leibe. Ein Handwagen knatterte heran auf gekräuselten Rädern von Staub: »'N Stück laufen?«: sofort bezogen sich ihre Sepiawaden mit festeren Sehnen, am schrägen Oberkörper galoppierten zweie winzig voraus, und ich mußte nur zusehen, daß ich mitkam: »Bloß bis zur Ecke – zu'n Bäum'!« Und nicht nur das, auch Milchkannen lümmelten unterm amputierten Christus, aber immer flott weiter, und tatsächlich hatte sie beim Gasthaus erst 2 Tropfen am Arm: »Mein lieber Mannhh!«. Es riß quer in der gellenden Schwärze, alle Blumen warfen sich aufs weggewandte Gesicht. Wasser stürzte aus dem Schlitz, handhoch spießten die Silbernadeln aus dem Pflaster: »Mein–liebermann!!«

Pferde weideten vor ihren unruhigen Schwänzen her, Bäuerinnen radelten in weißgestärkten ‹Schlatthüten›, und auch mich stach die Bremse: knatsch! fiel weich ab: »So ein Biest!«. Das Laub hing schlapp die Äste entlang, wie alte Girlanden; auf einem flammte es gelb auf, wir erstarrten, und eine harte hohe Stimme schrie etwas von kommenden Blitzen, wandte sich um, und verschwand wieder in der schwülen Oberwelt:??:

»'N Pirol. Sieht man selten!«. / Eine Brennessel: aber es hätte genau so nur ein weiterer Schritt von ihr sein können. Sie sah sich stolz um: ?! und wir belohnten uns Tapfere mit Augen. / Unser Boot: Nummer S 5: »Und bitte ne Büchse mit, zum Wasserausschöpfen! – Jaganzrecht: was heute früh der Herr mit den roten Locken bezahlt hat!« Die Wellchen sprangen am Holz hoch, tolpatschig, wie kleine graue Katzen. »Die Schulkinder sind auch alle da!«. / Hinaus. Noch weiter. (Und in Lee der letzten Schilfinsel wenden: so!). Dann ins Wasser klettern (ich sprang kühn hinaus) und wir umkreisten die leere Holzschale und bewachten sie gut. – »Wolln ma sehn, wie weit wir rannkomm'«: an den Haubentaucher, und wir griffen uns lautlos hin, 50 Meter, 30, zwan-zig – na – –: und war weg mit quäkigem Schrei; atemlos: »Das hätt' man knipsen müssen!«. / Ich trat vor sie hin und zog sie tiefer in die Flut (drüben am Landungssteg wollten grade die Kinder absegeln): »Pocahontas!« Sie verstand bald, zögerte rundum, – – –, zeigte überraschend durchtrieben: – ! – (und dann tauchten wir ganz ein, und gaben uns den ersten Kuß unter Wasser: »Komm ins Boot«). / Die Sonne brandmarkte uns scharlachne Oberschenkel (mein feines Haargespinst drum sah jetzt hellblond aus). Immerhin: alte behaarte Wolkenmännchen wälzten sich lässig am Horizont und rülpsten monochrom. Noch selten. –: »Halt ma an!!«: eine Hummel trieb hilflos im Wasser und machte schwächliche Beinchen; sie ‹rettete› sie sorgsam und setzte sie vorn aufs Holz: »Da kann sie trocknen!«. / »Jetzt mußt Du Deinen Kopf hergeben!« und sie gehorchte überhastet und machte alles falsch, stieß auch ein Paddel in den See und kletterte lange; bis sie dann auf dem Rücken vor mir lag, den schweren Kopf auf meinem blauen Höschen. Arme streicheln, Augen küssen (aber sie gingen sofort ängstlich wieder auf, und beargwöhnten, ob auch alles genügte), im Haar wandern, »Ich mach Dich doch ganz naß«, und kam mit der Schläfe auf etwas härteres zu liegen (Augen sofort zu!) und zitterte beherrscht, : und wir klebten die Lippen aufeinander, bis wir fast ohnmächtig wurden. / Die Schlammbeißer schnappten unruhig: »Einmal noch ganz weit rausfahrn!« / »Ain Pa'l-booooot!!«: Kindergeschrei, und unzählige Hände ruderten im See; einem Bootsmann fiel die fesche weiße Mütze hinein und er brüllte beschämt. Die Wolken im Südosten knurrten und machten träge Buckel gegen den Wind, der sie von hinten stieß. Das Wasser ergraute. »Komm lieber Richtung Heimat« »Och 'n büschen noch!«. (Aber der Mann am Steuer begann auch schon, sich umzusehen, und ging sachte über Stag: hinten kollerte das Wolkenfaß wieder ein Stückchen näher: Binsen faßten sich an den Rispen und ringelreihten kurz ums Boot: »Neenee.

Komm mit!«). / Die Bäume hupten und gebärdeten sich, als wollten sie in Staub aufgehen, Wind machte Kopfsprünge, und die Büsche jazzten verzerrter in ihren Mauerecken. Ein plumper Wolkensack schleifte quer übern Himmel, riß immer wieder, daß die grobe Jute faserte und die Messingbleche rausschlitterten: »Aber jetzt los Du!«

VII

Welt der Zeichen: das sandsteinerne des Mondes; die ähnlichen Dreiecke der Giebel; tausendfüßig schritt die Allee; trübten Laternen die reine Schwärze, schliffen Grillen, wieder schimpfte ein Hund hinter uns her. Annemie sang dahin, auf weichen großblättrigen Lotterlippen, verbuhlte Arithmetica: 1 Nacht im Mai, 2 Gitarren am Meer, 3 Musketiere; und so verschwand das verjazzte Geschöpf sordino in der haltlosen Dämmerung, vor uns, am Ericharm. Welt der Zeichen: unsere brilligen Scheiben lehnten sich aneinander, ihr Nasenschnabel hakte fest, die Hände knoteten um mich herum (Mond trieb da als Brander zwischen Wolkenfregatten), ihre Zähne kniffen sehr: – – und dann tappten wir weiter über die weißen Kegelschnitte. Zurück. Schwarzhäutige Häuser; ein Auto murmelte vorbei; »Hastu vorhin die rote Wolkenschlange gesehen?«

O neulich gabbs Schönäss: so kleine Schüsselchen, für die Schnitte zu essen: Sallaat!« und die glatten Augen schwankten ihr vor Vergnügen im Gesicht; Annemie; hatte sich auch die Zehe heute früh gestoßen und griff guttural klagend danach : ! . Ich schlug die Probe nach altem salischem Recht vor: ob das Stück des zerschlagenen Knochens so bedeutend war, daß es, über die Heerstraße auf einen Schild geworfen, noch hellen Klang gab; wurde aber von der ganzen Runde entrüstet abgelehnt. Aus Rache hörte ich sie halblaut zu Erich sagen: »Issd Sellmaa verrlobt!: erbt mal 30 Morrgen Lant, und da iss sich Inspektorr mutig rrangegangänn!« und lachte schadenfroh. / »Oh : : 'n richtiges Nordlicht?!« (Selma ehrerbietig); aber wir winkten nur schwermütig ab: für jedes Nordlicht ne Mark, Du, da könnten wir 14 Tage länger bleiben! (Und als hors d'œuvre hatte's noch Hinlegenaufmarschmarsch und erfrorene Zehenkanten gegeben: »Geht bloß mit Euern Nordlichtern weck!«; wir tranken grimmig am Bier, und hoben zürnende Brauen: *die* Erinnerungsserie hätte ooch wegbleiben können! Aber spazieren gehn wir noch 'n Stück, jawoll!). / »Der Dümmer stöß die Gewidder ap!« belehrte der Alte gewichtig: »die gehn fass alle rechts unn links vobei!« (Und Tell zitterte sehr beim fernen Wetterleuchten: »Der iss in Hamburg geboan. In den Bombennächtn: unn da kann er das nich ap!« Also selbst die Tiere!). / Sie faltete die Hände hinterm Kopf und machte sich aus den Ellenbogen eine schicke große Flügelhaube. / »Wieso ‹Pocahontas›??«: »Ne indianische Prinzessin!« wie beiläufig; und die Dicke bekam sofort neidische Falten, wisperte mit Erich, und Beide lachten schmetternd aus zerknülltem Augenfleisch: »Na lasse man« entschied er gutmütig: »für uns genügt ‹Annemie› ooch, was?« prägte die Hand herablassend in ihr geblümtes Rückenfett, und ich registrierte abwesend, wie sie, noch flinkere Leute, mit den Augen aneinander gerieten; also blieben auch wir etwas zurück, ich nahm sie in die Hände, sie, rötlich und duftend, nach knirschendem Abend, und nasser unterer Erde, nach Wurzelzeug und Seligsuppengrün, fern klang eine Kreissäge, und wir erstickten uns mehrere Male, bis sie sich ins Licht barg. / »Aaach!!« und sie hatte doch als Erste das Storchennest am First entdeckt: unbeweglich silhouettierte Adebar, auf einer Beinstange, und ich mußte solange warten, bis er einmal nachdenklich geklappert hatte: »Denk doch ma: 2 Junge sind vorjes Jahr gegen die Hochspannung geflogen: tot!!« und bat sehr um Mitgefühl. (Am Baum hier ein Zettel, den auch Erich, immer Geschäftsmann, studiert hatte: warum soll ich weiser sein? ‹Fohlenverkauf beim Baron Frydag›: 's iss doch immer falsch!). / Drinnen erst mal die Abendnachrichten (und Erich kommentierte sie gratis): Die Amerikaner kreisten unbefangen weiter ein, andererseits rätselten die Westmächte, was Moskau mit seiner letzten Note wohl wieder meine: »Iss doch ganz klaa: entweder EVG oder Wiedervereinigung; Beedes gipts nich!«. Theodor Blank hatte diskrete Einzelheiten, hinreißende Interieurs, über das schmucke neue Heer durchblikken lassen: »‹Wenn der Deutsche nich pausenlos die Knute uffm Hintern spürt, iss 'm nich wohl› hat schonn mein Vater immer gesagt!« Wahlrummel: Eener kam mit Gott an; der vorsichtig mit 'm Hakenkreuz; der pries Rußland: »Selbstverständlich sind die Gewerkschaften SPD: solln se etwa für Krupp sein?!«. Deutscher Evangelischer Kirchentag (und diesmal verfinsterte ich m'ich); drehten auch schon wieder ‹lustige› Militärschwänke: der Knecht singt gern ein Freiheitslied des Abends in der Schenke: »Na de Russen wern schonn helfen!« (Oh Erich: irret Euch nicht! Und falls wirklich: ist es nicht traurig genug, daß wir selbst nicht gescheut sind?). (Dann noch Sportnachrichten; und es wurden wortreiche Schätzungen gewagt, wer demnächst am schnellsten uff'm Hintern den Berg runterrutschen würde, oder so ähnlich; scheue Recht und tue nie was). / Aber jetzt lief Erich zu ganz großer Form auf: die Wirtin kam, der König rief: – (und Annemie, glänzenden Leckernäschens, sicherte sich gleich den vergoldeten Sektkorken: zum Vorzeigen; später, im Geschäft, konnte er der Handtasche entkommen, vor den neidischen Kolleginnen: so haben wir im Urlaub gelebt! – Albernes Paketel.).»Na?: Das iss 'n Säftel; was?!«. / Durcheinander:»Seit 200 Jahren, Du: Tatsache!«. Sie wurde so eifrig, daß sie mit dem Arm zu zeigen anfing: der reichte weit, und Annemie drückte ihn empört von ihrer Nase weg: »Ach, entschuldige.« Nahm ich also das älteste davon,»Hannoversches Hof- und Staatshandbuch« Jahrgang 1839.»Na, soll ich?: noch ist es Zeit....«:»Nein sieh nach!« also blättern:...., ...: Seite 386: tatsächlich: J. H. Wientge, Copiist und Pedell beim Consistorium zu Osnabrück! (Kann man die restlichen 80 Jahre also auch glauben!). Und sie lachte mit ungeschlachtem Mund (aber feinen Lauten!!).»Meine Ahnän...« fing jetzt auch Annemie vornehm an, aber Erich winkte schon gähnend ab:»Trinkfest und arbeitsscheu, ich weeß. Und immer Appetit ‹auf derr Liebä›!«. Wir lachten gefällig: Selma kameraden und bieder, Annemie pfiffig und bauerngeil, ladies first, dann ich leicht amüsiert aber abwehrend, Erich (als Initiator) geschirrig und hoch böcksern. / Landmesser? Gewiß.»Spezialist für Karten: Preußisches Doppelbild!« wußte Erich vornehm und nicht unwitzig; aber ich erklärte es willig meiner Interessierten:»Gut vermessen? Sind auf der ganzen Erde nur: Deutschland (bin ich nu'n Patriot?!) und England; die Kleinen noch: Hollandbelgienöstreich: aus! Die stolzen USA sollen erst noch lernen, was 'ne 25 000er Karte iss.« / »Am Himmel weessa ooch Alles!«, nuntius sidereus, und forderte irgendein eindrucksvolles Fänomen. »Morgen Abend findet eine ungewöhnlich lange Venusbedeckung statt,« erwiderte ich flegmatisch.»Aber Herr Bo-mann!« kreischte Erich jungfräulich und sittichen; allgemeines Gelächter; Gelehrtenlos; also iss scholarship wenigstens zu was gut; Gundling. (Die beiden Mädchen waren zusammen Stenotypistinnen in derselben Berufskleiderfabrik): »Zeit schlafen jetz: morgen iss auch noch 'n Tag!«

VIII

Sie lief, schlenkrig verfolgt von ihren Kleidern, grillen-
schlank, meine braune Zikade. Kam in Gottesanbeterin-
Stellung auf mich zu, legte mir die scharfen Vorder-
beine über die Schultern, und versuchte lange, mich zu
verzehren. Mit Händen; mit Zähnen. Dann schaukelten
die Aktentaschen außen neben uns. Ringelblumen
machten Lachsaugen durch Zäune, zuerst nur zwei,
dann standen sie förmlich Spalier vor Neugierde, eine
steckte sofort den Kopf unter Selmas Rock, daß ich
entrüstet pustete: das überlaß ma in Zukunft gefälligst
mir, werter Luteolus! Sie fragte gleich, und nickte dann
mehrmals hochbefriedigt ob solcher Eifersucht: so soll
es sein! – »Kumma das weiße Haus!«. Das?: sogar eine
Villa, mein Kind! Und es war raffiniert einfältig, dick
mit ergrauten Binsen gedeckt, kunstvoll narbiger Ver-
putz, vorn drei Bogen als Loggia, große Fenster mit
gelben Butzennetzen; Hecke, kleine Rasenfläche, ein
verträumtes Klöchen –: »Na, Du? –: Dreißigtausend
bestimmt!«. Auch Georginen, getuschte, bandierte und
Bizarden; und sie war zutiefst ernüchtert: cha, wenn
man so was hätte, Mädchen!! (Gehörte dann, wie billig,
auch einem Bielefelder Fabrikanten, und stand natürlich
350 Tage im Jahr leer! Wenn man zum See geht links,
kurz bevor die Pappelallee anfängt).

Selma also, wie gesagt ganz in verlupptem Organdy, mitten im Sonnen-
gepralle, und faßte mich steif an beiden Händen; wir nestelten die Finger
ineinander, auch mein Herz trabte überraschend an, und endlich ließen
wir alle Oghams und Futharks beiseite, und sagtens uns frei heraus: wie
hübsch wir wären, undsoweiter. Ihr Rock tänzelte schon vorweg,
schlug wohl auch ein schickliches Rad, und schien überhaupt recht unter-
nehmungslustig, der Rock. / Langes schlankes Gebell machte Bogen;
und dann tanzte ein heller Hund aus dem Hoftor, immer vor dem dick
trabenden Gespann her. Überall fesselten die Bauern Pferde vor ihre
Wagen, und die Müden ließen es in edler Resignation geschehen: »Die
verlieren auch nichts, wenn sie aussterben!«. Oben Walmdächer, unten
Katzentürchen, schwarze oldenburger Schweine röchelten angeregt,
und mir fiel Graf Anton Günther ein, der große Marstallhalter, und sein
Apfelschimmel, der ‹Kranich›: »9 Ellen war der Schweif lang, die
Mähne 7«, und sie tadelte es als unpraktisch: zugegeben; jedenfalls
sprangen unsere Stimmen uns munter voraus. / »Was machstu'n im
Werk?«: »Nuu –« sie wiegte nachdenklich »soo – Angebote schreiben;
mit Stoffmustern.« In Osnabrück also; hatte auch dort gelernt. »Was

liestu gern?«. Sie sah mißtrauisch herüber, suchte sichtlich nach dem Gewichtigsten; zauderte – –: »Gustav Freytag, Verlorene Handschrift.« Hm. Nicht übel. Aber sie wollte den Eindruck unbedingt vertiefen: »Einer bei uns liest immer Kant!« berichtete sie ehrerbietig. »Dann muß er verrückt sein!« entschied ich: »Du glaubst es nicht?!: Paß auf:....« (und ich machte sofort die alte Probe: welche Stelle steht im Kant, und was iss Mist?: a.) »Eine Einheit der Idee muß sogar als Bestimmungsgrund a priori eines Naturgesetzes der Kausalität einer (gewissen) Form des Zusammengesetzten dienen«; oder b.) »Die Kausalität einer (gewissen) Form des Zusammengesetzten muß einer Einheit der Idee sogar als Bestimmungsgrund a priori eines Naturgesetzes dienen«? Sie senkte die Stirn und antwortete nicht mehr). / Zwei Mandolinen kicherten nervös auf der Terrasse. Zur bunten Eistüte gab es frischen Nordost, und der Rock wollte sie gleich ungestüm nach mir hinziehn, gut der Rock; aber der karierte Waffelteig zerbarst eben unter ihren großen Zähnen, und da umschlang sie mich drüber hinweg mit Augen, schweigend, den Mund voll eisiger Süßigkeit. / Sattellos auf dem Bug: ritt Pocahontas, mit klebenden dünnen Haaren und blauem Lippenschlitz. Patschte ihn mit beiden Händen, stützte sich ab, und lachte mich noch aus dem Wasser an. Madreporisches Gewölk. / Reinklettern: sie stand tiefatmend neben mir am Bootsrand (ich drin), so daß wir uns bequem anbeten konnten: – – aber nun gab ich ihr kritisch die Anweisungen: »Geh vorn hin.« Und ganz mit den Armen übers Boot fassen!«; sie gehorchte blindlings. »Jetzeinbeinübernrandlegn – –« es erschien endlos glatt und wasserüberzogen: »Mit einem Bein stehst Du noch? ...« Nicken, heftig; die Augen hingen an meinem Mund (ihrer offen, fast mitflüsternd). Jetzt lehnte ich mich weiter nach Backbord – noch weiter – auch das Paddel bereit – –: verflucht: fing der Kahn doch wieder an zu drehen! Also: »Lassnomalos!«: links energischst durchziehn, nochmal – halt, kleiner Schlag rechts –: so; jetzt kamen die Wellen wieder von vorn: »Nochma jetzt!«. / Dann saß sie strahlend und triefend vor mir: »Trocken' Dich sofort ab. Und ziehn Pullover an; der Wind iss zu frisch.« Sie nickte dankbar und strich die Arme ins Handtuch; Gesicht. Nacken; Pause. Beine, Beine: Pause. Sie ließ die Augen flüchtig nach mir herum reisen, aber ich blieb unerbittlich. – »Sieht uns auch bestimmt Niemand?« bat sie noch einmal kläglich. Bitte: Binsen rundum, Blaues oben Blaues unten, nur ein Vogel strich mit heischerem Protest links ab: da griff sie endlich nach dem Knopf auf der Schulter, langsam, der weite Weg Graf Isolan – – und das andere Handtuch mußte immer in Reichweite bleiben: »Vorsichdu!«: ein Binsenschnitter mit hochbelade-

nem Kahn, weit drüben: er betrachtete uns hoheitsvoll und bauerndoof
– bis sie dann atemlos im blauen Pulli flach dalehnte, gestriegelt und
hoch entdeckungslustig. / Schon schoß ein Fingerzeiger vor: »Kuck-
mada!« – –: ich sah nur die fernen Zinken der Pappelallee nach Lembruch – vielleicht das Schilf, an dem die kurzen grünen Wimpel durcheinander züngelten? »Nein: die Wolken da!«, ah, die Wolken; und wir
würdigten sie ausführlich nach Morgenfarben und -formen: eine Fuss-
lige, eine Beulige, eine Aufgepustete, eine Ballonannemie, eine gereckte
Dünne: lustig flattern, Wolkenmädchen, Deine Wasserstoffbänder! Sie
maulte erst ein bißchen (weil die leinene Gestalt gar so endlos war), ließ
sich aber ganz leicht versöhnen, mit Augen, Mund und Händen, sperrte
sich immer noch, weil's gar so schön war; immer noch – jappte zweimal
auf, und fing sich befriedigt meine Finger (während das Boot selbstän-
dig kreiselte und schlappte). / Auf dem Oberarm die feine Blindpressung
ihrer Pockennarben: –: sie suchte gleich meine und küßte sie auch eifrig.
/ Zwei langhälsige Vögel tanzten zusammen oben im Licht; die Binsen
schauerten nach vorn; ich nahm abwesend wieder das Paddel hoch und
mahlte langsam glitzerndes Wasser. »Rasch essen, und dann wieder her,
ja?!«. Der See winkte uns mit tausend blauen Händchen nach.

IX

Tucketucketucketucke: »Ein Motorboot soll's auf dem
Dümmer geben.« (abfällig). Sie schlang sich das graue
Wasser ein paarmal ums Handgelenk, ehe sie murmelte,
wie eine Stimme aus dem See; ließ auch die Finger lange
nebenher treiben, daß jeder sein feines Kielwasser zog. –
– Zur Rechten flimmerte's wie Gestade: Bäume aus
Rauch geblasen; das Dunsttrapez eines Daches; Schat-
ten wollten unter Gasfontänen: aus heißer Grauluft die
Idee einer Küste. Seelandschaft mit Pocahontas. – –
»Du!« – – Sie warf die Mahagoniseile rückwärts hoch,
mir um den Hals: »Ja! Schnell!«; schnürte fester zu: ! –,
richtete sich auf, und fing wild verworren an zu
paddeln, unermüdlich eckig, dem Glasqualm entgegen.:
Dem Glasqualm entgegen!!

Leicht bedeckt aaach: da hatten unsere glühenden Häute etwas Ruhe
(und manchmal traf es uns doch). / Die Wasserjungfer, beide Hände am
Bootsrand, schwamm aufrecht nebenher, und sah traurig und ge-
dankenlos herein (lutschte auch dazu zwei Pfund Mirabellen, die ich ihr

einzeln reinstecken mußte: langer Leib, von Rohrleitungen durchzogen, Ventile klappten, bunte Säfte liefen in ihr herum, purpurnes Fleisch mit Elfenbein besetzt und steifen Schwarzgrannen: »Und jetzt tauchen? Na Du?! Willst wohl auch 'n ‹Fund› machen?!« Aber sie war nicht aufzuhalten). / Dies brachte sie heraus (mit einem Arm gründelnd, sich am Boot hinabdrückend), und bot mir Alles dar: eine Qualle knirschender grüner Wasserpflanzen; ein gekrümmtes schweres Hölzchen (so schwer, daß es nicht mehr schwamm, nanu?!); eine Handvoll seidenschwarzen Schlammes – aber hier waren zwei Teichmuscheln drin: die erste tot, also weg. Die zweite wehrte sich kräftig gegen Öffnen und Neugierde: »Kuck ma hier!« und Biologieunterricht: Mantelrand, Spinner, Bart: »Komm jetzt rein.«. / Treiben: ihre Finger schrieben rastlos meinen Namen ins Wasser, ums ganze Boot, stips wieder der i-Punkt drauf, also irgendein Undinentrick, bis ich ihr dergleichen verdächtige Praktiken untersagte. Aber das hatte lediglich den Erfolg, daß sie jetzt sofort das Wassermärchen hören wollte (wahrscheinlich noch was dazulernen, he?!); murmelte sympatisch zur Katastrofe, restlos überzeugt, oh diese Männer!: »Dabei hieß die Undine in Wirklichkeit Elisabeth von Breitenbauch, 7. 5. 1780 in Minden geboren, heiratete 14. 5. 1800 den Herrn von Witzleben, hatte 3 Kinder mit ihm, und starb endlich, längst Witwe, am 27. 5. 1832 in Halle. Fouqués große Liebe. Übrigens spielt die ganze Affäre am Steinhuder Meer drüben« schloß ich hastig: kritzelte die Emsige nicht schon wieder an Steuerbord?! »Spiegelschrift!« erklärte sie kalt und hexenheiter, und ich schloß vorsichtshalber die Augen (als ich sie dann wieder aufmachte, war schon der ganze See voller Kringel und Unterstreichungen: vorwurfsvoll: »Siehstu!«). Aber das bunte Geschöpf lächelte nur ungerührt, und hieß mich paddeln; fing auch in neu erwachter Lust bald selbst mit an: »Ma sehn, wie lange wir bis rüber brauchen!«. / (Halbe Stunde nebmbei) und armes Lembruch: immer noch nischt wie Zelte, Bootsgewimmel, faules, Deutscher und Britischer Yachtklub, Hochbetrieb im Kurhaus, und am Anleger wie verabredet Annemie und Erich. »Na, Ihr?« fragte er gütig und scheinheilig, pfiff kurz »Im Wasser haben wir's gelernt«; ich drohte ihm mit Augen, er lächelte verrucht und dumm, gin mit juice, wie nur er es konnte, bückte sich auch zu mir: »......!«, ich zuckte ärgerlich, man verstand bloß immer »Beene«? (Ah, auch das Zeichen zur Abwehr des malvagiocchi: weiß genug!). Dann rief er noch über die Schulter: »Wir komm' ers morgen früh wieder: Lembruch bei Nacht!«, und auch Annemie wußte viel von einem Preistanz: »Viel Spaß!«: »Dasselbe!«. / Sie hatte sich stillschweigend eine Blase innen am Daumen gepaddelt, und wurde

sehr gewürdigt: »Mußt aber den Daumen dann mit *über* die Stange
legen: versprichst Du's?!«: »Mm« ihre knöchernen Finger versuchten
mein Ohr. / Auf der Wasserplatte. Grauhitze. Ich hörte auf und legte es
quer vor mich hin, so lang lief das Boot aus. Der Horizont hatte uns in
seiner flachen Schachtel. Vor mir lehnte stumm eine ellenlange Rote, die
knochigen Knie in Kopfhöhe, das Kinn auf der Brust. Große Schwalben
strichen so dicht vorbei, als sei unsere Stelle leer, und wir schon nicht
mehr vorhanden.

x

Wieder blitzte es die Schatten aus unserer Bleikammer:
über der Stuhllehne dünne nackte Schläuche, das
Dreieck und ein rosa Doppelschüsselchen. Ich ruhte
nicht eher, bis im Sitz noch die zwei winzigen Söckchen
lagen, darunter dann die braunen Sandalen: »Was
hastu für 'ne Größe?« Sie stöhnte verzweifelt: »Frag
nich ....«; dann so gebrochen: »Dreiunvirzich!«, daß
ich sofort hineilte und ihr Trost zustreichelte: »Pocahontas! – !«. (Nur mit einer roten Hüftfranse aus
dunkelgrünen Wäldern treten. Müßte Sie. Sie suchte ein
bißchen in ihrem Koffer: – –, holte ein Kopftuch heraus
und probierte es schüchtern: – –, machte den abschlie-
ßenden Knoten an der Seite: – – ?. Stand still mit
hängenden Armen: ernst pfählte und hager die endlose
Hüfte rechts aus den harlekinenen Stoffzungen, war
also ihre linke Seite, und wartete ergeben und sehn-
süchtig bis ich sie nannte und erlöste: »Pocahontas!« –
Ein roter Samtfleck kam aus ihren Lippen, wurde
schnitzelspitz, drängte unbeholfen, und schlüpfte mir
dann tief in den Mund ...).

Warten. Ein Raschel drüben. Ich pfiff einmal matt die schalldichten
Wände an: die Tonröhre prellte flach ab, und ich stand wieder alberner
im Gelben. Als zuvor. Leeres Korridorgehirn, hölzerne Augen, Schar-
niere dran. Im Ledergetäfel der Minuten. – – – (Dann wenige Tappe und
sie warf sich eilig durchs Fenster). / Ich küßte auch in den konkaven
Mirabellenbauch. Unsere Flüster durchirrten sich; unsere Hände paar-
ten: sich! Ich mußte erst das rote Gitter ihrer Arme durchbrechen,
Fingergezweige zurückbiegen, ehe ich die Tomate mit den Lippen am
dünnen kurzen Stiel faßte, daß sie sehr meuterte, vil michel ungebäre,
und verschluckte sie dann ganz, daß sie süß empört aufwollte (aber ja
nicht konnte); so schrie sie nur einmal schwächlich und lüstern; dann

93

klemmte wieder die mächtige Schenkelzange. (Wir ritten sausend aufeinander davon: durch haarige Märchenwälder, Finger grasten, Arme
natterten, Hände flogen rote Schnapphähne, (Nägel rissen Dornen-
spuren), Hacken trommelten Spechtsignale unter Zehenbüscheln, in allen
Fußtapfen schmachteten Augen, rote Samtmuscheln lippten am Boden,
kniffen mit Elfenbeinstreifen aus denen Buchstaben schimmerten, Flüster saugten, Säfte perlten, abwechselnd, oben und unten.) / Eine Büchse
Milch aufstechen und abwechselnd lutschen. Auf'm Rücken liegend: das
schmeckte wie kondensiertes Mondlicht, und dazu Feigenpudding aus
den kleinen US-Döschen. / Sonnenbrand: Arme und Beine, meine,
waren nur rosenrote Feuerrohre mit abgesengten Nervenenden. Wir
wimmerten beim Waschen, und zitterten vor Fieber, wenn unsere
Härchen sich streiften. Also: Einkremen! / Einkremen (und ganz leicht
massieren mit feinen Duftfetten): das Fingergespinst, die beinernen
Arme, »hfhfhf-hforsichth!«, die runde Rippenharfe, zwei weiche Kupferknollen, Kupferknollen; Kupfer – knollen – –. Die Bauchschale mit dem
hohen Beckenrand, die steife Beindeichsel: »hfhfhf-aaachch!«. (Dann
aufs Gesicht wenden, Pto, Gott war das lange Bündel schwer!):
Nackenwadi, Schultertafeln, Gesäßknorren, die schmächtigen Kehlen
der Kniee; aufrichten: nochmal Achseln und Schlüsselbeinpartie: –;
zuletzt Stirn und Nasenrücken: »Aaach!«. (Dann aber gleich drohend:
»So: jetzt bistû dran!«). / Beim Hemdchen anziehen: sie stand weit-
gebärdig da, wie Orion (den leichten rosa Nebel allerdings in Händen,
weit überm Adlerkopf): meine rote Alpha-Riesin! Sie merkte, daß ich
dachte, und ich mußte es sofort sagen. Brummte fast verdrossen: lautlos
renkte weiter das Sternbild.

XI

> Der Fernfahrer aß sehr schnell und künstlich, skalpierte
> Wurstecken mit scheußlich huronischer Technik,
> schnipste sich auch die bleiche Pellentrofäe vorschrifts-
> mäßig in Gürtelgegend; der Mund lästerte von Staat
> und grobem Wetter: die Katastrofe trat ein, da hieß der
> mächtigste König Eisenkauer, nach ihm regierte sein
> Dalles, immer abwechselnd (oben drei kalaharische
> Fussel, gelbe, Oranje & Transvaal; auf der linken grün-
> lichen Schulter ein Regenlicht, fensterglänzend und
> traurig). / Mondbazillus, Wolkenhefe, und Pocahontas
> summte ein helles heiseres Lied zum Geräusch der
> Nacht. (Hinter der Haustür quietschte sie dann un-
> nötigerweise wie ein Gemisch aus Hahn und Henne.
> Entschuldigte sich aber sofort reuig: es wäre so plötz-
> lich gekommen. Also werden wir das exerziermäßig
> üben: ! – –? aber jetzt hielt sie geschult still. : ! ! – –? nur
> Tiefatmen. : ! ! ! – –: »Siehstu es geht Alles! Wenn man
> nur etwas guten Willen mitbringt!«. Sonder Not und
> ohn Gefahr übern Hof so kam das Paar).

Tell, losgebunden, raste selig allen Windstößen und Katzen nach,
schnauzte vergnügt, und sie dddrängte furchtsam näher: »Obs noch
regent?«. Je nun: verbogener Mond trieb auf gelben Lichtwellen (hinten
bollwerkten aber schon die Wolken, und er riß mühsam eine Silber-
bresche nach der andern hinein. Sie hielt einfach die Hand davor, daß ihr
Gesicht oben im Schatten hing, und ich durfte ein bißchen darin herum
küssen). / Ein Textilreisender, behutsam, schwarzer Ölscheitel, fahles
Antlitz, spitzes Gehirn: »Der hat dem Chauffeur drinnen noch gefehlt!«
(Sprach auch das f so blasebalgig und überzeugt, daß man es nur noch
mit ph wiedergeben konnte; sein Hut: ein Matterhorn, von einer Art
Nürburgring umgeben). Sie berichteten, wie Vertreter tun, von den
Merkwürdigkeiten ihrer Mägen: »Also nach 10 Uhr abends: kei-nen-
Bissen-mehr!«: »Professor Berger – aus Bonn – sagte: in phier Monaten
sind Sie 'n Toter-mann!«, sah stolz rum, ob wir auch atemlos lauschten,
und strich sich mit der Fingerschere den Stumpen aus dem rosa Maul:
»‹birnenphörmich› behauptete er; der Chefarzt ‹konisch› –«, er hielt
beteuernd seinen Bauch, in dem sich jenes Darmgeschwür befunden
hatte, mit beiden Händen hin (aus deren einer Rauch loopte. – Dann
kamen Sauereien an die Reihe, bis die Wirtin huchte und lila floh. – Aber
Eins hab ich von ihm gelernt – von weitem nur, versteht sich! –: im
oldenburgischen nennen die Schneider den Lappen, mit dem sie zum
Bügeln einsprengen, »Swienhunn«; auch der leidige Chauffeur bellte

gottlob drüben neben der Theke). / Speckkuchen und süßes Malzbier (kaufte ich;: »Ach Du!«). Aber diese Speckkuchen!: »Also mir iss das zu fett!!«. Aß die sparsame Selma Alles allein, trotz meines Kopfschüttelns (und eben kamen auch Nachrichten, Ansager mit ausgestopfter Stimme, die Silben rappelten wie Bauklötzchen, begann wie immer, deutsch devot, mit »Bundeskanzler Doktor Adenauer«, wie der geschlafen hatte, und war tragisch amüsant, wie sich die doowen Evangelischen so für die Gegenreformation mit einspannen ließen. Dann »Kommentar der Woche«, Doktor Walter Maria Guggenheimer, und ich nickte beifällig: klarer Kopf! Und eine rechte Erfrischung auf all die andern Jesuitenschüler. »Ich?: Atheist, allerdings!: Wie jeder anständige Mensch!«. / »Schnell noch 'n paar Postkarten schreiben«, stöhnte sie, verzweifelt ob der verlorenen Zeit, sah flehend an der Zimmerdecke nach, kratzte auf jede bloß eckig »Gruß Selma«, und sah mich selig an: »Fertich!« »Gleich rüber bring'.«: eine Büroausrüstung wie in Soll und Haben: »Seit 25 Jahn hab' ich die Posts-telle!«. Eine Katze mit nationalem Gesicht, schwarzweißrot: »Die Dreifarbigen sinn die Besten!« beteuerte der Alte erfahren: »Die bringt Ratten. Bald jeden Tach: das tut nich Jede!« (und streicheln ließ sie sich auch). »Tja; der ‹Seespiegel› heiß'es immer, wäre sche preußisch?!« (bauernschlau; geheimnisvoll): »Vielleich wenn Oldenburg ma wieder sebständich wird . . . . .«. Zeigte auch stolz Zeitungsausschnitte: auf einem war er sogar abgebildet, inmitten seiner Vogelsammlung. Ein Buch ‹Günther Schmieder, Gott weiß den Weg›: »'n Romaan von' Dümmer: taucht aba *gaa* nichts!«, und ich schlug mißtrauisch auf: ». . . wie eines atmend Fischleins Kiemen . . . . .« owehoweh! (Im Leben kann man höchstens 100 Autoren richtig kennenlernen, mehr Zeit hat man nicht; also darf man sich sprachliche Dickhäuter wie den hier gar nicht erlauben, hebe Dich hinweg!). / Aber hier waren Vorzeitfunde, recht interessant, trotz des knickebeinigen Kreuzes auf dem Umschlag und ‹Reichsamtsleiter› Reinerth: »Das gehen wir uns morgen ansehen, Du!«. (Was der Alte allerdings ständig von Pfahlbauten faselte, war blanker Unsinn, obwohl der Feuersteindolch in der Vitrine schön genug dalag). / Wetter?: der Mond zeigte nur noch undeutlich seine Tätowierungen. »Komm rüber zu mir. – Durchs Fenster.« / Wir stöhnten, rotglühende Gestalten aus soundsovieltem Höllenkreis; selbst das Waschen war eine eigene Qual: wenn das kalte Wasser dran kam, hätte man bibbern mögen vor schmerzlichem Gelächter. Sie, flehend: »O nich spiegeln!« (heißt wohl: in den Spiegel sehen): »ich erschreck immer so!«. Versuchte aber trotzdem schüchtern ihre schwarze Kunst: mit Haaren, mit Augen. Dann die rote, und ich legte

ihr einen Armhinterhalt; den sie aber sofort sah, angriffslustig hinein-
stürzte, und ich mußte tatsächlich erst jedes ihrer zähen Otternglieder
einzeln bändigen, ehe sie sich nach Belieben bogen (auch so ringelten sie
sich noch alle Augenblicke um mich Laokoon:»Du hast es selbst so
gewollt!«). / »Hastn hier Alles mitgebracht?«: ein Brillenfutteral, Leder,
rotgenarbt; eine Handtasche, und ich hielt sie anklagend hoch: deswegen
hats so lange gedauert?! Aber sie war schon da und schnappte mirs aus
der Hand:»Das iss tabú!«, holte mir zum Trotz gleich noch den Steno-
block heraus, machte wichtig eine längere Notiz, und schobs wieder
rein:»Bäh!« Erregter:»Und da heißts immer: Frauen wären neu-
gierich . . . . . ! !«:»Ja –: und wenn ich mirs nich angesehen hätte . . . .?«
forderte ich verblüfft heraus. Sie sah hoheitsvoll herum:»Dann hätt ich
Dich der Teilnahmslosigkeit beschuldigt. Und gewußt, daß Du Dir
nichts aus mir machst!«. (Längere Zeit diese unerhörte Anschuldigung
widerlegt. Dann riß sie sich aber doch noch einmal los, schnell die
weißen Söckchen durchs Wasser ziehen,»Für morgen!«, und hängte sie
über die Fensterflügel zum Trocknen). / »Mammalich!!«: nanu, was ist
denn? Ich knipste verstört: sie kippte sich knopfäugig aus dem Bett, riß
unten das Türchen auf und erbrach Alles in den Henkeltopf:»Orrrrrr«,
schwülkte und pumpte blassen und farbigen Schleim aus. Ich kam
betroffen herüber und hielt ihr die Stirn, gab gute Eiaworte: das fehlte
allerdings! Huschte in einer Pause zur Waschkommode und bereitete
Zahnputz: sie wusch sich den schlotternden Mund, gurgelte somnam-
bul, kam und fiel aufs Gesicht ins Bett,»Och«, fuhr halb hoch und auf
den Rücken (rasch das Kissen falten und dick untern Kopf,:»Du biss
gutt!«). Rülpste noch einmal, und lag immer stiller, nur ihre Nase
knisterte noch. (Nachsehen: war aber doch wohl bloß der reine Speckkuchen! Ja auch kein Wunder. Rausschaffen ins Klo). Die Füße, 2 lange
Klinker, standen aufrecht da. / Dann doch ein Nachtgewitter, daß
Summanus seine Freude dran gehabt hätte (Hunde werden lebend an
Holunderbäume gekreuzigt; die Arvalbrüder opfern nur schwarze
Lämmer). (Gegen Morgen kam es lärmend die Treppen herauf : ? : ! :
und sie glitt nachtwandlerisch aus dem Fenster:»Bald wieder Du!«.)

XII

»..... und dann griff der Höhlenmensch nach seiner
Selma: ......« sie quiekte hoch, im langen dunkelroten
Samtkostüm mit weißem Krägelchen, in dem das glatte
Bronzerohr des Halses steckte; atemlos: »Erstens sossdu
nich Selma sagen! ...« (ich schrumpfte schuldbewußt):
»und dann: wie hießen wir wirklich?!« Nuuuu –: ›Ich
Uthutze?« (sie nickte beifällig, ganz rundes Eulen-
angesicht): »und Du Pultuke!«; ein Wort wie Schoko-
ladenpudding, und wir versuchten gleich, obs mundete:
»Pultuke: üss der Luchs schunn woich?«; und sie grunzte
finster zurück: »Nuch nüch!«, klappt also. Der einsame
Chausseebaum neben dem Loch klatschte wirbelnd in
die Blätter und zischte; ‹Pfeile mit Schlangenzähnen›
fiel mir als Waffe ein (‹Schlangen mit Pfeilzähnen›, auch
so stimmte's grausig; in schlimmen Klüften). Sie murmelte eben den Wunsch, und ich bremste sofort:
»Könntest Du Bärenfelle butterweich gerben?« Sie
konnte es nicht; gab es aber nicht zu, sondern parierte:
»Du einen 20-Zentner-Elch mit der Hand fangen?«
Vielleicht. »Tch!!« (scharf und ungläubig). »Oder den
Todfeind langsam in Scheiben schneiden?«: ihre Blicke
stachen sofort wie Achatdolche in die Osnabrücker
Ecke, augenscheinlich wußte sie jemand Bestimmtes.
Aber sie gab noch nicht auf, bewegte den Mund,
sann –: eifrig: »Du, ich mach Dir Hausschuhe aus Wolfs-
pelz: gefütterte!«, kam auch verführerisch näher, neo-
lithisch lang lockend. »Und ich Dir Ringe aus buntem
Hirschhorn!« (Kavalier). Dankbar: »Ach ja!« Als
Spiegel?: »Na hör mal: 'n Schälchen Dümmerwasser!
Also diese Frauen!« und sie wars gleich zufrieden.
»Aber woher kriegen wir Seife?« und hing sich ängstlich
vor mich:?. Seifeseife – hn – – – (ha: da: mein Plinius!:
»Aus Holzasche und Ziegentalg!«. Ihr leerer Blick verriet keinerlei Begeisterung; eher das Abschlußzeugnis
»zur Steinzeit kaum geeignet«, und wir tupften mutloser
die Gesichter aufeinander).

»Gehtoch immer voraus: wir komm' ja mitn Motorrad nach!« greinte
Erich aus Kissen (was uns auch wesentlich lieber war!). / Im Garten
schallte die Amsel. »Iss Dir noch schlecht, Du?!«. Sie nahm mich
strahlend und schüttelnd bei Hand und Mund; wir kelterten einander –
– rissen uns vorn los:!! / Autos kreisten schreiend und prustend um ihre
Ecken; unsere Kappen saßen scharmant, über Pappelmäulchen und
Brauseohren, lustig, wie aufm Fahrrad. Ihr Kleid flackerte junge Zeichen, der Mund zersprang zu gigantischen Lachen; die feiste Bäuerin

besah uns durch ein Reisigbündel (und hackte später mit schartiger Stimme nach ihrem Mädchen). Die Erlen brausten hellgrau auf, brüsselten grün (und der Wind haschte doch tatsächlich schon wieder nach Selmas Glockenrock!). / Bitte sehr: so sieht die Unsterblichkeit aus! Ihr Struldbrugs.: Am Moorloch, dicht neben der Hunte, und sie hummelte sehr enttäuscht, bis ich eben anfing zu erzählen.»Das iss nich anders. Manche schlagen auch Kieselsteine mit Hämmern entzwei, um, wie sie sagen, zu sehen, wie die Welt gemacht worden ist.« / Aber nun ernsthaft vom größeren Eiszeitdümmer: dreimal so lang war er! Wie man das wissen kann?: durch viele Bohrungen: der See setzte damals weiße Kalkmudde ab: wo man also in bestimmter Tiefe auf die trifft, war damals Wasser. Von Birken und Haselbüschen locker umstanden: weiß man durch Blütenstaub aus gleichaltrigen Moorschichten.»Und um den lagen diese einzelnen Blockhäuser?«; certainement, wenn auch die Bewohner mit Germanen noch nichts zu tun hatten, wie sich Herr Reinerth vorschriftsmäßig einbilden mußte. Hm. Gerste glänzte; braungrün liniierten Kartoffeln zum Waldrand; weißes Wolkenfeuer, und Wind lehnte lässig herum und blies ab und zu hinein.»Jajasicher!: Und dann wird es Nacht: durch die Nähte des Hauses schiebt der Nebel die schlaffen Finger« (und sie schlug einmal schnell auf die frechen) »oder der Wind rüttelt an der nicht vorhandenen Tür, damit Du die Wölfe besser hörst . . .«, und sie lauschte angestrengt: richtig: bloß Wind wars nich: auch ein Motorrad plapperte fern:! / Annemie mit weit offener Bluse; aß Glaskirschen und schnipste schon von Weitem mit den Kernen:»Na, wo sind nu Deine Neanderthaler?« (Erich; zog auch das mittlere Flakon »Ackersegen«, gegen Schlangenbisse, wie er religiös erklärte, ein Kerl wie Samt und Seide, nur schade, daß er suff). / »Ach Jungfrau-jungfrau: das gabs damals« (zur Steinzeit; laut Erich) »überhaupt noch nich! Das iss ne Erfindung des Monopolkapitalismus: weeßte ooch, wie oft sonne Höhlenfrau . . .?« Annemie wollte sogleich präzise Angaben:? – und verzog nur abschätzig den Mund, »Daran soll nich schei-tärrn!«; lächelte bosbreit:»Odu!: weißdu wie oft Höhlän-Mann . . .?« und flüsterte scheinbar so unverschämte Zahlen, daß Erich vor dem bloßen Wort zusammenknickte. / »Weeßte, wenn man Euch so von hinten sieht: Ihr seidn Pärchen!!«. Nu wurd's aber doch verrückt: das mußte Plattfußerich mir sagen?!: »Denkste Du siehst aus wie Harry Liedtke? Nimm bloß Deinen Popoffka ins Schlepptau und verschwinde!« (empört!). »Na dann komm!« und gab ihr hinten einen leichten Backenstreich, den sie auch ohne weiteres vereinnahmte, sich auf den Sozius schwang, den Rock zünftig hochstrich, die geborene

Motorbraut. Wichtig über die Schulter: »Wir fah-ränn wieder ins Kur Haus!«. Und wir erlöst: »Ja!«. Wrumm, wrumm. Noch einmal bog sich Erich herüber: »Übrigens schlag ich vor: die Herrschaften ziehn der Einfachheit halber zusamm'. Wir ooch.« wartete keine Antwort ab und stank davon. / (Erst ma von der Ertappung erholen). / Im blendenden Gewühl der Blätter: »Kennstu Pilze?«, und ich runzelte unwirsch die Stirn: sind wir zum Botanisieren hier?! Erzählte ihr aber zum Trost, daß Eichkatzen Pilze auf Ästchen spießen, auf einmal wachsen sie oben im Baum, das sieht sehr spaßig aus. Ameisen trugen ihren kleinen Plunder vorbei. Ich grub mit dem Mund ihre Augen wieder aus, Schmeichelaugen, Streichelaugen. / »Nach 'm nächsten Krieg iss es soweit: da lebt man wieder in Wohngruben; alle 100 Meilen Einer: Du erlebsts noch« (düsterer) »hoffentlich finnstu 'n erträglichen Uthutze.« / Sie sagte es wild vor sich hin, »Was denn?«, blieb stehen, mit dem Rücken zu mir, den Kopf gesenkt: »Dich will ich! Noch was länger.«, und wir gingen betrübt weiter. Schüttelte aber doch streng die Fantasien weg: »Ja, wenn wir reiche Leute wären« (sachlich) »dann würds vielleicht gehen. Wenn ich immer nur die Pocahontas sein könnte. Und wir keine Sorgen hätten; Angst wegen Kindern und so. – Aber dann würdest Du Dir auch noch ne Andere aussuchen. Als mich –« sie sah sich an den Ästen um nach dem dürrsten Wort: »– Vogelscheuche!«, und blickte haßvoll und flehend:?. Ich zerrte entrüstet an ihrer Schulter: kommst Du sofort mit ins Gebüsch?! – – / »Ojunge« jappte sie völlig erschöpft und krümmte sich noch; »Och«; und: »Vielleicht finden wir doch noch die Brieftasche!«

XIII

> Mein Kopf in ihrem Schoß (im hohen Gras ihrer
> Finger): und sie hatte grüne Flecke am Oberschenkel,
> blauschwarze mit gelbem Rand, alle vom Reinklettern
> ins Boot, um mehrere sah man sogar Zahnbogen, und
> ich schüttelte heuchlerisch mitleidig. Im Spinnweb
> geflüsterter Worte, in Wasser- und Bleiglanz. / Still zie-
> hend ein Segel, vorm Mast die Gestalt im zweiteiligen
> Trikot, grün wie Hallenbad; hob ein schwarzes Doppel-
> glas zur Stirn, sehr vornehm, äugelte auch mehrfach
> über uns:: (nachher sah sie aber doch knitterig aus wie
> die Mutter der Gracchen, klatschbasige Augen, und
> manworn). / Ihr Kopf in meinem Schoß: meine Hände
> bewohnten lange, Käfer, ihr schwarzes Haargras.
> Machten Ausflüge über Schläfen und Achseln; lange.
> Eine glatte Kupferebene; Buntsandsteinwüste mit
> Rippenriffen. Ein Hügelland: Thyle I, Thyle II. Lange.
> Eine spitze Jumarra im Süden.

Und so fuhren wir daher, allein durch den leeren See, Monos and Una,
das Mädchen alle Tönungen, allein in der Riesenmuschel von Himmel
und Dümmer.: »Im Boot, Du? Einfach irgendwo ins Schilf fahren?!«.
Sie hob nüchtern den Kopf und sah um: – – »Nee. Geht nich. Wackelt
auch zu sehr.« legte sich wieder zurück. (Erst beim Nachhausegehen
war sie deswegen nicht gut auf sich zu sprechen; knurrte:»Hättens doch
versuchen sollen: man iss immer zu faul!«, und ich mußte ihr ver-
sprechen, in Zukunft gar nicht erst mehr lange zu fragen). / Zusammen
schwimmen: sie fing mich in blauen Wasserarmen auf, intelligent und
gelenkig, und wir zogen ein paar Cassinische Kurven. – »Menschastu-
kräfte« sprudelte sie durchs ölige Wasser, und: »Ich bleib noch!« / Also
allein im Boot: genau gegen die Wellchen; oft klatschten und polterten
sie unterm Bug (und immer Pocahontas im Auge, my playful one;
einmal gelang es mir, sie, die mächtig Ausholende, zu überfahren). /
Denken. Nicht mit Glauben begnügen: weiter gehen. Noch einmal
durch die Wissenskreise, Freunde! Und Feinde. Legt nicht aus: lernt und
beschreibt. Zukunftet nicht: seid. Und sterbt ohne Ambitionen: ihr seid
gewesen. Höchstens voller Neugierde. Die Ewigkeit ist nicht unser
(trotz Lessing!): aber dieser Sommersee, dieser Dunstpriel, buntkarierte
Schatten, der Wespenstich im Unterarm, die bedruckte Mirabellentüte.
Drüben der lange hechtende Mädchenbauch. / Wieder schnappte es
zärtlich, und eine Florfliege verschwand darin: Fische!: Zobelpleinzen,
Jense, Gieben, Halbbrachsen, Alat, Witing, Sandeberl, Kilps, Tabarre,

Plieten, Chasol, Döbel, Schnott: Sprechen Sie Deutsch? – – »Döbel?«
fragte sie nach einer Weile träumerisch zurück: »so hieß ma 'n Chemie-
lehrer ....«: die Treulose! Ich sagte ihr das auch auf den Kopf, und sie
gab zu, daß sie damals, eventuell – –: »Aber jetzt nich mehr. Du!« und
sah treuherzig hoch: nur Knurren und giftige Blicke dankten ihr 's;
möge es jedem offenen Geständnis so gehen! / Graue Gesichter erschienen am Himmel und betrachteten uns strenge; sie lag da, die großen
Mahagonikämme ihrer Hände schick ins Haar gesteckt; und ich rüttelte
bittend an ihr: »Pocahontas!«. (Sobald ein andres Boot auf 1 Kilometer
näher kam: ein Handtuch! Und ich legte es stets selbst drüber!). / Immer
wieder bis Seemitte, und hinein treiben lassen (Südost-Strömung also).
Hinaus – – hinein. Ansonsten Flaute: die Segelbootsherren stakten sich
mißmutig umher (während ich einmal in großem Tempo dicht dahin
jagte: Euch werden wirs zeigen. War das Handtuch auch ...?). Knall-
weiß ihre Segel: also Apparat hoch: $\frac{1}{100}$; Blende 16, unendlich:!: »Soll
ich Dir 'n paar Abzüge schicken?« Sie spielte lange mit dem See und
antwortete nicht. / Himmel voll großer grauer Fässer: Wind wälzte sie
polternd näher, also das obligate Nachmittagsgewitter; »Iss doch verrückt hier!«: »Komm!«. »Wenn bloß nich so viel Menschen da wärn!«,
und wir jagten über das bleiige Geknitter, mitten auf den Landungssteg
zu: allein sein, Seebesitzer, und alles Land 5 Kilometer im Umkreis
unser: Wald, Moor, und bloß unsre weiße Villa! Sie überlegte einen
hetzenden Augenblick, dann schrie sie fest zurück: »10!« (also Kilometer: gut! Von mir aus Meilen, und Dänische noch dazu!). (Dem
Bootsmenschen ankündigen: »Wir kommen heut noch mal: abends;
spät!«).

XIV

Auspacken helfen: ein silbernes Kesselchen, in dem
etwas 4711 klinkerte; eine hagere Krummschere;
lüstern biß blutrotes Mundwasser; 2 brave alte Pantöffel-
chen (die ich sofort mit vor mein Bett stellte:»Denkma:
die hab ich gekriegt, da wa ich 14!«); der Riese Roland
von Regenmantel, eine goldene Sprungfeder für den
Unterarm; ein fußlanger Kamm, schwarz wie ein Tief-
seefisch und mit dito Zahnreihen. Jedesmal beim Vor-
beitragen verfing ich mich in ihrem braunen Geranke,
Selmajoachim verschlungen, und sie' gab mir scharfe
Schläge mit den Augenwimpern. Ein kleines Nähetui
mit erlesenen Garnen und Knöpfen. Grüne Zahnpasta:
»Hier; probier ma meine – –?«: »Mm priema!« (aus
schaumigen Pfefferminzlippen). Sie runzelte plötzlich
die Stirn, griff nach dem Schienbein und zog sich ein
grauseidnes Hautstückchen ab, fingerschmal, klagte:
»Die schöne Bräune!«; hier fing es auch schon an:
»Wo?!« und rannte entäuscht vor 'n Spiegel, zeterte:
»Hol lieber mein' Koffer!« Und gleich neugierig den
Deckel hoch: ein Teufelskerl von einem getigerten Py-
jama räkelte sich auf gebrauchter Mädchenwäsche; ein
Schächtelchen »o. b. Tampon« (und sie sah erst verlegen, murmelte auch etwas von übermorgen, und
schobs energisch in das moderne Handtönnchen: aus
braunem Samt mit Lederreifchen, und dann griffen wir
unverzüglich nach einander, carpe diem!: ihre Finger
kletterten auf mir herum; sie mausten allerorten, putz-
ten uns, knüllten mein Ohr zusammen; erfand auch eine
vollkommen neue Wischelsprache mit vielen »u« und
Kopfstößen, und trieb 1000 fromme Dinge. Auch oben,
fern im Haus, hatte ein Bett zu stampfen begonnen: sie
machte ihre Hände ganz weich, wie Heizkissen, und
sagte dazu Vieles auf Neolithisch, klagte erstorben und
schlug traurig verwundert die Füße zusammen, Ochone
de traitor, schob sich, unaufhörlich tadelnd, weiter weg,
immer lockender – – bis auch ihr Körper mich unermüdlich prellte, und wir nur noch ein paar Vokale
wußten).

Vorsuppe: »ein weißer käsiger Niederschlag« hatte es im Chemieunter-
richt immer geheißen, na ja. Dann die eigentliche Hauptmahlzeit:
Kartoffelmatsch und je 1 Kotelett; Buttersoße und 'n Haufen Grün-
futter: schon bekamen wir mehr hingestellt, als die enthaltsameren Pen-
sionäre an den Nebentischen: »Willstu wohl essen?!« (denn Selma sägte
wieder zimperlich und unglücklich in ihrer Ladung herum, und
schluckte lustlos. Erst beim Pudding wurde sie handlicher, »Also wie 'n

kleines Mädel!«, und da mußte sie, protestierend, meinen gleich mit
löffeln; und schmunzelte verwirrt, unter vielem Flüstern und Kreis-
blicken, ob's die andern auch nicht sähen:»daß wir Alles so teilen!«
hauchte sie glücklich). / Dann zog sie zu mir um, und wir legten ihr
buntes Krämlein aus: Haarklemmen, Kalodermagelee,»Ich glaub, an
den Kleiderbügeln einer Familie kann man alle ihre Wanderungen und
Migrationen ablesen«, ein Schuhanzieher schlüpfte durch Ny- und
Perlonröllchen:»Vorsicht!«. Eine Magd galoppierte zusätzlich im Korridor – – plumpste lange treppab:»Gib den Rest einfach zum Fenster
rein!«.»Was denkstu, was ich da manchma für Schwierichkeiten hab«,
vertraute sie mir bekümmert an:»Meine Größe!! Und zu kurz sintse
grundsätzlich!«, hielt mir auch Glied und Hülle als Beweis hin –:!,
vergleichende Anatomie, und ich hatte viel zu messen und zu rühmen:
aus Schopenhauer beweisen, was lange Frauenbeine wert sind,»Ich
denk, das wa'n Filosof? . . .«. / Ein winziges Reisebügeleisen: sie neckte
es ab und zu mit der nassen Fingerspitze, bis es zischte, und ließ es dann
sorglos schlittern: über einen flaschengrünen Bolero mit militärischem
Stehkragen und Goldleisten:»Ziehn ma an!« Sie tat es unbefangen, und
die seltsame Farbe stand gut zu ihrem braunen Fell, hielt sich auch den
Rock davor:? –»Hastu etwa Schlipse zu bügeln?«. / Auf wieviel
verschiedene Arten kann man einen Vierlochknopf annähen?: nun
kriegte ich Unterricht, auf dem Bettrand:»Macht man sowas mit der
Lehrerin?!: ich hab ne Nadel, Du!«, und schon schlich ihr Arm, lange
Korallennatter, auf mich zu, die Hand hob sich hypnotisch, züngelte
unmerklich – – und biß zu –»Jetzt hab ich mir 'n Nagel dabei
eingerissen!« wehleidig, aber der Schaden war gleich behoben; sie
atmete auf und dozierte weiter: einfach rundrum (»Daß also 'n Quadrat
entsteht«), Oder so, als Andreaskreuz. Oder als 2 Parallele; als Z; als U;
als – –»Na? Na?« – – Tja; also nu wußt' ich weißgott keine Möglich-
keiten mehr:»Iss doch ausgeschlossen!«:»Haha!«: bis sie 's herablassend
zeigte:»Als Gänsefüßchen ! ! – : !« und nähte ihren triumfierend gleich
als solches an: tatsächlich; man lernt nie aus! / Auf meinem Nachttisch
»Nigel's Fortunes«: sie öffnete es ohne Umstände und hockte damit aufs
Bett; die Füße stellten sich achtungsvoll nebeneinander auf, der Mund
knödelte lautlos an kleinen Stückchen Englisch, die Brille bewegte sich
nicht. Jetzt zeigte ein Fingerstöckchen hochzweifelnd auf ein vielsilbiges
Wort:? ich glitt sogleich zuvorkommend daneben und gab Hilfstellung
(das heißt zuerst den linken Arm um die Schulterecken, rechte Hand am
rechten Griff, und küßte den mittelschulklugen Mund, daß unsere
Brillen leise klapperten. Sie nahm sie uns sparsam ab, drehte sich

unschuldig handlicher her, und wir gingen systematisch an die Untersuchung; »linguistisch« heißt ja wohl »mit der Zunge«?). / Ich trieb, Brust auf Brust, in ihrem rötlichen Teich; weiße Strünke ragten an allen unsern Ufern, ihr schiefer Schopf klebte mir über der linken Schulter: im Seegras klafften Augenmuscheln; ein Gebiß schwamm heran und fraß sich fest:! daß mein Körper spitzere Wellen schlug: da verschwanden die Emailleringe nach oben; violettbraune Röchelstücke ringelten langsam, neben Einem, mit riesigen Locken. / Auf meinem Handtuch stands eingewebt HUAND, und sie rätselte lange:?: »‹Heeresunterkunftsverwaltung Andalsnes›: die Gegenleistung des Deutschen Reiches für 6 der besten Jahre meines Lebens und ein komplettes Haus im Schlesischen«, erläuterte ich zuchtlos die verblichene Inschrift, und die Nackte schauderte ungekünstelt. / Abendbrot: Bratkartoffeln mit Sülzescheiben, homspun; als Zugemüse Selleriesalat, Riesenportionen: wirklich sehr nett, sehr aufmerksam, die Wirtin! / Der Himmel, gespickt mit Sternen; ein lachsrotes Ei stand auf dem Horizont, linke Kante verwaschen, unten drin ein schwarzes Ornamentenband: Mondaufgang hinter Pappeln. »Du, sowas hab ich noch nie gemacht!« (Selma, entzückt ob der Geisterstunde! Nickte aber, sogleich überzeugt: man kennt die Welt ja sonst nur halb! Das wirre Silberkettchen des Siebengestirns).

XV

Fahrt durch Nebeltunnel: schwarzer Wasserestrich, mattseidene Tonnengewölbe (einmal drohten zahllose Säbelspitzen aus der Mauer; drang ein merkwürdig scharfer Strahl in unsere Schichtwelt). Ihr Fuß kam neben mir vor, groß, glatt, kalt; versuchte, in mich zu schlüpfen, unter mich, drückte an, und bettelte mit langen Zehen um obdachne Wärme: ich zog einen nutzlosen Deckenzipfel heran, streichelte schnell, und wickelte ihn kostbar ein (mußte aber sehr aufpassen, denn schon drohten wir an der bleichen Wand zu zerschellen: herum! – Noch einmal dankte da der Streichelfuß. Als irrten wir durch den Orionnebel: glänzender Gedanke: ein Mädchen als Gepäck, eine Schnapsflasche, das Hannoversche Staatshandbuch von 1839: und dann rinn: mit m Wackelboot in den Orionnebel. Aufm Bug S 5, wie bei uns!). – Eine große Halle, von der alle diese Gänge auszugehen schienen: also in einen neuen Marmorkorridor: zurück!! –: ein Nebelboot, unmittelbar vor mir, fuhr querüber durch die Wände: der bucklige Steuerzwerg wandte sich noch nach uns um: – – und da setzte ich das Paddel doch weniger keck ein!

Im Waschblauen die roten Wolkenhaken; vor uns der Mond mit grünem seekrankem Gesicht. »Sprich nicht unehrerbietig von den Sternen!« warnte sie. Eine starräugige graue Alte wallte noch umher, vor uns, mit des Dümmers Dampfe, Schattengestalten. (Gegen Jean Paul, Band 32, Seite 14, und öfter: »Bekanntlich erscheint dem Monde die Erde 64mal größer als er uns, und das Heraufwälzen eines solchen Himmelskörpers muß entzücken«. Erstens hat die Erde lediglich den vierfachen Durchmesser, und der wirre Titan hat sich nur gesagt: Körper? also flink hoch 3! Und zweitens: man stelle sich probehalber ein Gestirn, 64mal größer als Frau Luna, vor: entzücken??!!: entsetzen würde man sich, wenn der Gaurisankar über uns drohte! Rares Gemisch von Oberflächlichkeit und Tiefsinn!). / »Am Deich hier, Du!« / Aneinander: wir erknöpften uns nochleidlichstraffe Seligkeiten, und unsere Körper schmatzten eine gute Weile miteinander. In dieser sahnigen Nachttorte. Auch ihr Mund schmeckte wieder groß und saftig: wo ihr Haar aufhörte fing Strandhafer an: aber wo war das? Wo ihre Finger endeten begannen Halme: ohne Übergang. Die Stammstücke ihrer Beine; drei moosige Winkel. In unserem Gesichterbündel drehten sich langsam Augen und Flüster. / »Vergiß den Stein nich!« (als Anker!). Der Nebel schmeckte zart und kalt und gut zum Schnaps; Pocahontas hinten im Deckengewölbe. (Wie in den »Oak Openings«; vom ganzen Mittelmaaßbuch ist mir doch als Bild geblieben: Nachtfahrt durch die Schilfwildnisse des Kalamazoo). Bald hatten wir in den Nebelsälen jede Richtung verloren. Binsenweltenwelteninseln trieben näher; es erforderte wirklich alle Kunst, nicht anzustoßen, und ich begann schon zu schwitzen. / Es segelte einmal über uns, zog Flügel an, und fiel senkrecht klatschend zwischen die Stengel ein, daß sogar die schnapsmüde Selma auffuhr: »Üprumb: Üprumbüprumb!«. Wie Ochsengebrüll kam es und ganz nahe: »Rohrdommeln bloß!«, daß sie verletzt wieder in die Deckenlabyrinthe sank. Sackgassen und Dampfflöße. / Gegen 3 Uhr fand ich endlich im Nassen den Mond, der sich eben, schlagflüssig und kahl, in seine Nebelsümpfe senkte. – Graufrühe trat ein: auch an Land schwamm Alles dahin; Bäume trieben über Wiesen; Kristus trat Nebel und tauchte gewandt auf und ab; unsere Füße quakten. / Die dürre Zikade: saß steif im Sofa und drehte zeitlupig am Handgelenk; trocken klappte der Kiefer, ungefüge, zu groß (der Sprache noch nicht wieder gewohnt), unbemessen: grillte ein Kurzes, und schlief wieder davon mit offenem Augenschwarz. Von mir: wölfische Worte, langgezogene; und wieder ihr dünnes, pfeifendes Geschwirre, rippenkörbig, aus tonloser Dämmermaus, im Flederschlaf. Ich baute uns rasch ein Bettiglu, legte Uhr und Notizblock, umsehen, halt die Hausschuhe noch, und leitete die Willenlose hinein, das Gespenst, gliedertierig, wie die wanke Larve vor mir her griff. Sie legte sich gleich fröstelnd an mich, lallend vor Schläfrigkeiten, schob sofort ihre großen Füße zwischen meine und tat die Knie dazu, hängte mir Hakenhände über die Schultern, schon halb bewußtlos; aber da fror ihr der Rücken wieder, und sie drehte sich schaudernd, wölbte ganz in mich hinein, von den Hacken bis zu 'n Schultern, und ich legte noch die Arme schräg darüber, die heiße Handfläche auf den Bauch, sie atmete einmal mohnig, schluchzend und dankbar; bis das lange Wesen nicht mehr bebte. / (Zugfern: sein Schallstab war geduldig horizontal; fräste eine Rinne in unsern Halbschlaf; zog sich pleuelstangig ein). / ((Hahn schrie es haifischgroße Dreiecke auf die Schlafwand; fernere hingen Kaurischnüre dran)). / (((Wann? Dächer hatten steingrau zu wispern begonnen))).

XVI

Zu Viert allein im Gastzimmer: der Regen faselte flink
friseurhaft impotente Geschichten, von der Frau Nach-
barin und wie die ihr Schäftchen vernuschelt hätte, auch
Paulpaulpaul käme nicht mehr ans Robling; also schlos-
sen sich zwanglos Illustrierte an: auf dem Umschlag
»Salto mortale in 3000 Meter Höhe«: »Dafür fünf Jahre
Arbeitshaus!«: »Abärr wiesooo?!«. Tour de France:
»Mit den Beenen könnten se ooch nützlicher sein!«. Ein
Zebroid war irgendwo geboren, und der betreffende
Scharlatan bezeichnete das als »äußerst selten« (dabei iss
nischt leichter!). / Wind mechanikerte am Fenster, die
Wirtstochter putzte hinten Bilderrahmen; bald würde
sie die still saugenden Blumen draußen abschneiden.
»Preußische Kronjuwelen gestohlen; 9 Jahre ohne
Mutter; Krönung der Queen«: »Sollten fürs Geld lieber
Flüchtlingsheime bauen«, meinte Erich verächtlich.
»Und die Malerarbeiten E. Husthusthust übertragen,
was?« (Beinahe!). Nach dem Gelächter dann den eigent-
lichen Sinn erklären: Amerikas Übermut und -gewicht
sacht zu stoppen!: »Kuckama das Gesichtel!«: ‹Herr›
Manasty, Kiel, hatte sich Pickel und Blähungen mit
Klosterfrau Aktiv-Puder vertrieben, und wir schüttel-
ten feixend die Backen über den Trottel. »Auch Sie sind
in Gefahr«, folglich Gaspistole für 11 Mark 45; »In 20
Tagen wunderschöne Forma-Brust«; Kreuzworträtsel
und Schachaufgaben: »Iss denn nischt im Radio?!«. Die
Regenharfe klimperte schwächlich, verstummte aber
sogleich vor dem platzenden Marsch (und Erich wußte
auch leise den Text des Trios: »Ich hab noch nie son
Sack gehabt, wie Müllern sein Kommie.«).

Schachspielen (mit Erich, ders im Kriege von mir gelernt hatte, dank
seines hochentwickelten Geschäftssinns ein gefährlicher Gegner war)
und sie verfolgte interessiert das gemächliche Gedränge der hölzernen
Gestaltchen, wie sie dahinzogen, übereinander sprangen, sich entführten
und verwandelten (und Erich erschöpft: »Äußerstmerkwürdich!«, als
ich, trotz eines leichtsinnig geopferten Turmes weniger, eins der glanz-
vollsten Remis meiner Laufbahn machte: »Ein Alterfuchs!!«). / Gute
Witze, lustige Kleinkerlchen, von »Bu«, und ich lachte wehmütig und
probierte ein bißchen: Buschbussebuchholzbuckinghamburckhardt?
(Nachhier hieß er aber H.-J. Bundfuß; sehr gut. Ebenso Sir Oaky
Doaks, Fullers Bilderreihe in der New York Post: die neueste Don
Quijote Variante; und eine neue Kunstform, Kurzform, diese cartoons;
das heißt: könnte man draus machen!). / Ein langer Artikel: der Papst

hatte endlich eine Ähnlichkeit zwischen der neuen Kosmogonie und seiner Vulgata ergrübelt, ganz aus eigener mühsam erworbener Ignoranz, und die Sächelchen dann unbefangen in Druck gegeben: wie 's in solchen Köpfen aussehen muß! / »Religiöses Gefühl?: Kenn ich nich!!« (Erich): »Hab genug mit meinen Neubauten zu tun: sag 'n Zitat, Jochen: –?« Dem Tüchtigen ist diese Welt nicht stumm; und: Den Himmel überlassen wir den Engeln und den Spatzen. / Wiederum Erich, alter Sozi: »Was würdn wa denn heute sagn, wenn der Junge vom Tischler-Josef drüben, eben issa aus der Volksschule, uns über Gottundewelt belehren wollte? Der hat doch nischt gelernt! Kann keene Sprachen, hält de Erde fürn Pfannkuchen, weeß bloß Kreisklatsch. Kunst und Wissenschaft, Mattematik, oder wie die Brüder alle heeßen: keene Ahnung! Gelebt oder 'n Beruf ausgeübt hat er ooch nich, also ooch keene menschliche Erfahrung weiter; nischt durchgemacht –« (ein großer Schluck Bier): »was hat Der mir groß zu sagen?!«. / Radionachrichten; 25. also Homers Geburtstag: Schweizerische Käse-Union-AG: das gibts tatsächlich!. Ein Autofahrer fuhr aus unbekannten Gründen gegen eine Bahnschranke: was mag der wohl für ‹Gründe› dazu gehabt haben?! (Wenn die Leute schon nich Schopenhauer, sollten sie doch das Wörtlein ‹Ursache› kennen). / Alfred Döblin 75 Jahre: Messieurs, wir erheben uns von den Plätzen! Wie kann sich ein Volk bloß einbilden, ein Dichter wäre ‹sein›!: da mußten sie ihn zu Lebzeiten nich so traktieren! Was hilft es nach dem Tode Dem, der dann unterm Hügel liegt, und der wohl noch Trefflicheres hätte leisten können, hätte man den Lebenden mehr ermuntert – ach was ‹ermuntert›: Hätte man ihm nur Gerechtigkeit widerfahren lassen!! Neenee: geht mir weg mit dem Volk! / Jetzt Maler-Anekdoten: Wie Erich die Breslauer Unität das drittemal bloß mit reinem Oderwasser gestrichen hatte: »Was Die sich woll eingebildet ham: mehr als zwee Anstriche über'nander iss doch Irrsinn!«. Wie er der eigenen Mutter nur Flurtür und Korridor renovierte: »Weil da manchma Eener hinkam, bestellen, weeßte? Weiter ließ se doch Keen' rein!« (L'Avare: aber die Sorte bringts zu was!). »So: Bude wär vergiftet!« (Formel, am Schluß einer Anstreicherarbeit zu sprechen). »Wenn Die dann immer unten rumstehn« (die Auftraggeber) »und keen Ooge von Ei'm verwenden: so alte Weiber, beiderlei Geschlechts: da gibts een' ganz bestimmten Ruck mit der Bürschte, daße von oben bis unten bekleckert werden: den lernt schonn jeder Lehrjunge bei mir!«. / Und das Geniesel nahm kein Ende, so sehr wir auch vor die Tür guckten, ihre langen Glieder erhoben sich immer gehorsam mit, Nehalennia, in fließenden Gewändern: »Aber 14 Uhr 30 fahren wir doch mit dem

Autobus ins Moor!«. Ungläubiges Feixen: »Wir legen uns lieber noch ne
Stunde hin«, gähnte Erich mit bedeutsamen Blicken auf Annemie; und
die schmunzelte labbrig und aszidisch (tunicaten). Einige Anekdoten
von Antek und Franzek rundeten für Jene den Vormittag, Erich lernte
gern (und wir brachen nur um so hastiger auf: ich kenn das leider Alles:
.... »wird sich Ziegee schon dran gewöhnänn! ....«). Die Dachtraufen
kannegießerten noch immer.

XVII

Das Erforschliche in Worte sieben; das Unerforschliche
ruhig veralbern: Ein Baum krümmte sich in der Ein-
öde; es drehte ihm alle Blätter um; schwarze Vögel
traten aus den Zweigen und schrien; den gleichmäßig
sprudelnden Himmel an. Sie war stumm und eumeni-
den genug immer neben mir: Schritte wie ein Mann,
aus den Taschen des Kleppermantels staken schiefe
Arme, im rotledernen Gesicht schnappte ein nußknak-
kerner Spalt manchmal sein Gemengsel Reg' und Tränen: »Pocahontas –«; sie drehte langsam her, und heulte
mienenlos stärker: – – bis ihr mit einem Ruck das ganze
Gesicht zerfiel, in Wülste, in rote Ecke, Ohrenellipsen,
das Waschbrett der Stirn – dann riß es noch quer durch,
mit einem rabigen Laut, daß ich die tragische Maske
erschüttert an meine Wange legte, drückte, wiegte,
noch immer taumelte ihre Klage schwarze Zacken um
unsere Köpfe: »Liebe Pocahontas!«. Ein Wegweiser
stürzte uns hölzern entgegen, breitete kupplerisch drei
geschminkte Arme: DAMME, OSTERFEINE, HUNTEBURG:
zu jedem davon überreichte uns der Regen höflich die
grauseidene Schnur. Ah, die schwere Dünung der Luft.
Ein Nebelkahn schaluppte lange im Weidenhafen, und
scheiterte dann zögernd unter Bäumen. Sie ließ die
Hände zu ihren mühsamen Tränen in das schwarze
Gewässer fallen, ihre Stimme schleppte am Boden; die
Schultern konnte man sich heran ziehen, das Gesicht
noch nicht wieder.

»Immer grodut!« raspelte wieder die belegte Greisinnenstimme: Schür-
zenblau, Altfrauenmuster, zeigte ein Harkenstiel, der zwanglos in den
Armknochen überging. »Na, komm mit.« Ins Graue. / Kaffeeschwarze
Gräben luden zum Sprung, daß ihre Hand in meiner schepperte; Tüm-
pel von schillernden Farben: Braungrün und Eichelviolett (sehn S' ich
ma Ihre an!). Sie setzte sorgsam alle die großen roten Nacktschnecken

ins sichere (?) Beiseite. Jede. Stand auch erschüttert vor einer Zerfahre-
nen. / »Nee.: Wie ich 15 war, 'n Lehrer. Aber auch bloß einmal. Und
‹Meinverlobter› hat 's riskiert: wegen 'm ‹Hof›!« Voll schweren wehrlosen
Überdrusses. Lachte quakig unheimlich: »Und Du!: Ich muß immer
drüber nachdenken, wieso.: Im Geschäft nenn' sie mich ‹die UKW-
Antenne›.« / Ein schwarzes Pferd sprang aus dem Nebel und brüllte uns
an, zum Windstart: um die Bäume schwirrten sofort grüne und zinnerne
Falter, ganze Wolken voll; und setzten sich wieder auf die Zweige und
ruhten erschöpft. Langsam zerriß ihr Haar, schon betastete Regen die
Baracken unserer Köpfe, haunted palaces –: »Drüben sind n paar
Bäume«. / Stämme schwarz und naß: kammgarnte Regen, Nebel
machte Anstalten, die graue Luft wusch langsam herum. Wir hockten
mit beschlagenen Augen in der fuchsigen Nadelstreu, Zweiglich oben,
Humus unten, verrückt wer es empfunden; die Hände schnitzelten
sorgsam an Spanigem; andauernd mußte man austreten gehen vor
Kälte: selterte es im Backengesicht, witzig klatschte der Wind; ein
Gedanke schneckte am Drüben, austerte gleichmäßig flau auch sack-
gässig, dann zog er den platten Hinterleib wieder ins Gebüsch. / »'ran
denkstu?«. Achselzucken.: »Du?« Achselzucken; aber ungefüge Tränen.
»Komm ....« (Und wir gingen vor den haushohen Schleiern her, über
das triefende Moor.) / Der Regen machte manchmal Grotten um uns;
jeder wandte sich verwirrt in seine ab: gelb floß uns der kalte Harn aus
den pferdigen Leibern; und sie knixte hoch, und heulte blitzschnell
wieder Rotz und Wasser. »Praps, praps, praps« rief die Krähenreisende,
also scheinbar ne Miß. / Am Moorkanal: 1 leeres Blatt versuchte, ihn
hinunter zu treiben, während sie verschränkt über die platte Brücke
ging. Steinerne Umarmung. Wir besahen uns finster aus beregneten
bulleyes; eine weibliche Weide, dickes dunkles Gesicht, schlug ihr Haar
nach vorn, flüsterte und zitterte, strähnenüberzogen. Ich nahm ihre kalte
wachsrote Hand an, und trug sie erschüttert: Kind, was tun sich die
Menschen für Erinnerungen an! Vor der zementnen Himmelswand
hinten ein verfallender Schuppen, bretternes Los. / Nebelhorn des
Mondes, abgebildet überm Moor; in jeder Fußspur erschien Wasser; auf
mittleren Hacken war sie so groß wie ich. »Im Stehen«: »Hinter der
Pappel da.« Semig leckte's hinunter auf den Torf, in vier langen Tropfen,
ein Rest ans Taschentuch gewischt, weggesteckt: »Komm!«. Der Abend
verfiel noch hohläugiger, der Weg schlurfte entlang. / Nochmal zum See
im Dunkeln? »Nee! Wär' nur schwarz.« »Morgen muß ich wieder unter
die groben Leute.« / Beide (schadenfroh): »Ihr seid aber naß geworden!«

III

XVIII

> Rostig und bleiern (und kalt, Anus Dei!) der Morgen: »Habt Ihr Alles?!«. (Ihnen die Koffer zum Autobus tragen): spöttische Büsche hielten uns in grünen Schlankfingern triefende Buketts entgegen; ein Fohlen stöckelte teilnahmsvoll an seinen Zaun (über das Rohr eines Giftpilzes gebückt, soll man mit den Unterirdischen sprechen können!). Stimme tropfte ein bißchen; die Augen sahen einfältig und stolz durch ihren Wasservorhang. Haltestelle hielt beteuernd ihre gelbe Hand hin: H. (5 Uhr 10: »Noch 6 Minuten«). Drüben, nahefern die Windmühle, von hinten; ein Strauch wiegte nachdenklich den Kopf und fingerte rechnend in der Luft; wir sahen uns unscharf in die fleckigen Brillen: noch einmal hastig die Gesichter schräg übereinander legen, befangen, wie da nutzlos Gebein an Gebein streifte (und Erich, Lederjacke mit wattierten Schultern, schenkte Seiner indessen die Armbanduhr). Der rote Lintwurm kläffte schon von weitem und öffnete gleich einladend die Kiemendeckel: ein paar dünne Klebsilben am Türklaff.! (aber die Scheiben waren völlig beschlagen und nur Fremdes knäulte noch peristaltisch).

Das Trauerkleid der letzten Nacht. / »Vier Portionen Dümmeraal! – Ädoppelte!!« bestellte Erich sonor, und legte zufrieden die rothaarigen Hände um die Bierfilze (die sofort daraus zu entkommen suchten: Kavalier füttert seine Dame!). / Im Radio gestikulierende Stimmen, Koboldspfiffe, und endlich zerkratzt die alte Schlagerparade »Blume von Hawaii; ich küsse Ihre Hand, Madame; kannst Du pfeifen, Hanne«: ogott, da warst Du noch gar nicht geboren (und es warf mich heimlich einmal kurz in den Schultern, Irrsinn und Amüsemang! Erich flüsterte beifallheischend: »Meine hat Temperament, Du: die hat mich schonn mit Türen geschmissen! *Und* mit Schuhn!« und nickte stolz). / »Bitte sehr: –« Und wir nahmen lärmend die verfluchte Kost zu uns, Totgeschlagenes und Abgerissenes. / »Na, habbich weníeckstänns was zu beich-tänn«, stellte Annemie pomadig fest. Beichten?: ich wendete betroffen den Blick zu Selma, die, bronzen und nervös, neben mir saß, das Bein vom Gesäß bis zum Knöchel an meinem. Schüttelte aber den Kopf. »Odie!: Hat keine Schwierickkeitänn!« beschwichtigte Annemie, und klapperte fröhlich mit Gaa-bäll: »Selma?!: ist sich so gut wie Heidee: wann warrstu zuletzt in Kirchee, Du?!« und der neusilberne Vierfachblitz drohte. »Ach Kirche, – das ist Alles so unrealistisch: die Musik, die verkleideten Redner mit ihren unpassenden uralten Vergleichen. – Und dann – –« sie schauderte echt und wurde ganz leise zu mir: »dieses ‹Abendmahl›: ‹Das ist mein Leib und Blut› – –: mir hat als Kind schon immer, vor der Blutfresserei gegraust; ich hab ma gelesen, daß Kannibalen in Innerafrika auch solche Schmierereien feiern ....« und dachte durch Gebärden weiter, hilflos angeekelt:»Liebste Pocahontas!!«. / »Wo Sie doch für alles Namänn wissänn: wie heißt da Eh-rich?«; ich sah jene Beiden an: er kalkweiß und kommerziellen Gebarens – –: »Nu; heute vielleicht ‹Sodom›?« schlug ich grimmig vor. Sie lachte gurgelnd, ausgelassenes Fett, einverstanden, aus massiver Slawenbrust; dann neugierig: »Und iich?!« (Da war ich aber doch fertig!) / »Brüderleinfein: Brüderleinfein«: auch das noch! Also die Szene wo ‹Die Jugend› abfährt. Ich sah Pocahontas an:? nee, war der Einzige, ders merkte, unterdrückte aber gewaltsam alle Gedanken ans Lebermeer, und griff lieber noch einmal verstohlen über die schmächtigen Schenkel:»Wolln wir raufgehn, ja?!«. / Sie nähte mir noch den Knopf an und unterhielt sich dabei leise mit meiner Jacke. / Der erste Wecker, den wir uns für morgen pumpten, ging sofort kaputt, und die Wirtin zog ein saures Gesicht (ich hatte aber wirklich nicht dran gedreht!); mußte ein zweiter vom Bäcker geholt werden. / Packen, packen: ging Alles schwer in den Koffer, in die Tasche. Sie hastete und beschwerte sich eintönig, daß die Zeit nun wegtrappelte. / »O Jé! –« schrie leicht auf, sah verdutzt erst auf den Handtuchzipfel und dann sich an, kommandierte atemlos: »Kuck ma weck!« – – Als ich die Hände dann wieder von den Augen nehmen durfte, trug sie ein schmuckes Triangel. War auch errötet und sichtlich erleichtert. Und stolz:»Ach Du!« Und sann. Und wieder Trauer:»Ach Du.« Kam inbrünstig und drückte sich an; seufzte galgenhumorig:»Na dann atterdag.«; zog auch die Füße an und gab schnelle Tritte auf einen unsichtbaren Hintern (des Schicksals?). / »Knips Du bitte aus.« Noch einmal sah ich so eine lange Indianerin. Am Schalter. Dann ging die Unsichtbare still um mich herum. (Gleich darauf Wadenkrampf, etwa auch souvenir d'amour, und ich ächzte und zischte und massierte: teuflischer Einfall: vielleicht hält sies für Schluchzen!). / Gleich darauf raste der Wecker schon; wir erhoben uns geduldig. Sie reichte sich stumm zum letzten Biß: – »In Beide«: »Schärfer!«; prägte auch ihre Zahnreihen mächtig ein. (Schon klopfte Annemie vorsichtshalber:?: »Ja wir sind wach!«. Und hastende Stille). / »Sieh mich nich mehr an, damit ich abreisen kann!« / Erich, unverwüstlich, rühmte schon wieder die Autobusschaffnerin:»Haste die gesehn?!«: Kaffeebrauner Mantel, gelber Schal, die schräge schwarze Zahltasche, eine Talmiperle im rechten Ohr, blasses lustiges Gesicht; ich gab Alles zu. / Wolkenmaden, gelbbeuligen

Leibes, krochen langsam auf die blutige Sonnenkirsche zu. Erich räusperte sich athletisch: »Na, da wolln wer erssma .....« und wir marschierten zurück, »weiter penn': verdammte Fützen!«. Mein Kopf hing noch voll von ihren Kleidern und ich antwortete nicht.

ERSTVERÖFFENTLICHUNGEN

LEVIATHAN :
in *Leviathan*
Hamburg–Stuttgart–Berlin–Baden-Baden: Rowohlt 1949

DIE UMSIEDLER :
in *die umsiedler. 2 prosastudien*
Frankfurt / M: Frankfurter Verlagsanstalt 1953
(= studio frankfurt 6, hrsg. von Alfred Andersch)

SEELANDSCHAFT MIT POCAHONTAS :
in ‹Texte und Zeichen› 1,
hrsg. von Alfred Andersch
Berlin und Neuwied: Luchterhand 1955